21세기에 이런 일이 있을 수 있나 싶지만, 지금 세계 여러 곳에서 폭력과 전쟁이 난무하고 있다. 더구나 신의 이름으로, 종교를 내세워서 벌이는 전쟁은 누구도 말릴 수 없을 듯하다. 문제는 이런 전쟁에서 무고한 생명들이 희생된다는 사실이다. 구약성경 안에서도 이방 민족을 향한 집단 학살(genocide)이 "헤렘"의 전통 아래 하나님의 명령으로 행해졌음을 보도한다. 오늘날에는 윤리적으로 이해하기 어려운 이런 문제로 고민하는 이들에게 이 책은 논쟁의 말머리를 던진다. 이 책에서는 가나안 족속의 멸망과 관련해서 하나님, 구약성경, 구약성경의 해석, 구약성경에 기록된 폭력을 제각기 재평가해서 해법을 찾으려는 포괄적인 범위의 네 가지 견해를 장단점과 함께 소개한다. 이 책은 어느 한 관점에 편향된 결론을 내려주지 않는다. 이에 따라 저자는 의도적으로 독자들의 독서 과정을 촉발하여 고민하게 만든다. 책을 자세히 읽고 각각의 견해를 바탕으로 진지하게 토론해 갈 때, 새로운 깨달음에 이를 수 있을 것이다. 따라서 이 책은 여럿이 함께 읽고 진지하게 고민하며 토론할 것을 권한다.

김정훈 부산장신대학교 구약학 교수

구약성서를 현대인에게 비호감이 되게 하는 가장 큰 이유 중 하나가 야웨의 폭력적 이미지와 그것을 예찬하면서 가나안 원주민들을 무차별 공격하고 추방하는 이스라엘의 폭력적 이미지일 것이다. 가나안 원주민들의 파멸을 명하는 하나님과 이 명령에 응하여 가나안 족속들을 멸망시키는 데 앞장서는 이스라엘의 행동은 현대인들에게 극단적인 반감을 불러일으킨다. 찰리 트림(Charlie Trimm)의 저서 『하나님은 정말 인종청소를 명하셨는가?』(The Destruction of the Canaanites)는 이런 반감 때문에 구약성서의 스토리에 입문하는 데 어려움을 겪는 사람들을 위한 친절한 안내서다. 이 책은 "가나안 족속들의 멸망"을 명하는 이스라엘의 하나님 야웨와 그것을 수행하는 이스라엘의 행위에 얽힌 윤리적 쟁점들에 대한 "하나의 정답"을 알려주려고 하기보다는 이 윤리적 쟁점들에 대해 제안된 다양한 해결책을 제시해 독자들로 하여금 그것들의 강점과 약점을 각각 평가해보도록 도와준다. 본서는 세 가지 배경 문제(1-3장)를 다루는 1부와 가나안 족속들의 멸망 명령과 그것에 대한 이스라엘의 수행이 일으키는 윤리적 반감에 대한 네 가지 가능한 답(4-7장)을 제시하는 2부로 나눠진다. 1부를 잘 이해해야 2부를 이해할 수 있다. 1부에서 저자는 각기 자민족 수호신들의 이름으로 치러진 전쟁 관습, 과장된 전적 보고 관행을 설명하면서 고대 근동에서는 인종이나 종교 등이 집단 정체성을 대표하지 않았음을 강조한다. 따라서 가나안 족속들에 대한 이스라엘

조상들의 이중적 태도(친선, 적대)는 16세기부터 최근까지 인류 역사에서 자행된 인종 학살적 전쟁은 일어나지 않았음을 보여준다는 것이다.

이런 배경 지식을 전제한 후 저자는 2부에서 가나안 족속 멸망 문제에 대해 네 가지 가능한 답변을 제공한다. 첫째, 이런 가나안 정복 전쟁을 명령하는 신 야웨는 선하지 않다고 평가하면 된다는 것이다. 물론 이 답변은 그리스도인에게 선택 사항이 아니다. 저자도 "나는 하나님과 성경을 완전히 버리는 첫 번째 접근 방식을 단호히 거부한다"라고 말한다. 볼테르, 러셀, 리처드 도킨스는 이런 노선에 서 있다. 둘째, 신명기, 여호수아, 사사기 등 폭력 옹호적인 구약성서의 책들과 본문은 하나님의 본마음을 대변하거나 반영하지 못하며, 따라서 하나님에 대한 모든 담론은 고대 이스라엘이 만들어 낸 자신들의 하나님 이해일 뿐이라는 입장으로서 이런 폭력 옹호적인 구약 본문들과 하나님을 분리해야 한다고 주장하는 입장이다. 역사적-비평적 연구가들, 평화주의적 신학자들은 이 길을 택한다. 1940-50년대의 독일 구약학자들이 취한 입장이다. 셋째, "구약성서에 나오는 사건들은 보이는 것만큼 폭력적이지 않다"라고 주장하는 입장이다. 이는 구약의 폭력성은 인정하되 이스라엘은 결코 가나안 족속에 대한 집단 학살을 한 적이 전혀 없다는 입장이다. 이 책은 대체로 사실적이고 정확한 성서해석에 근거하지만 폭력적인 야웨와 폭력적인 이스라엘 이미지를 완전히 벗겨내는 데 미흡하다. 넷째, 구약성서의 폭력윤리를 재평가하는 것이다. 이 견해는 천지의 창조주 야웨께서 자신이 창조한 땅의 임차인을 교체하는 전쟁에서 오랫동안 땅을 더럽히고 오남용했던 가나안 족속들을 처벌하는 전쟁이었으며 이스라엘은 그 전쟁의 빈틈에서 땅을 차지한 것이라는 것이다. 이것은 하나님의 심판이 폭력을 동반했다는 것을 인정했다는 점에서 현실적이고 솔직한 입장이다. 셋째, 넷째 입장은 1940년대 이후 미국 구약학자들이 취한 입장이기도 하다.

이 책의 가장 큰 의의는 가나안 족속들의 멸망을 명하는 하나님과 그것에 응답하는 이스라엘의 가나안 정복 전쟁에 분명히 현대인들의 다원주의적 가치, 문화 이해, 그리고 평화 애호 사상에 큰 걸림돌이 되는 문제가 있다는 점을 인정한 데 있다. 동시에 고대 근동의 전쟁 관습과 민족 수호신들의 토지쟁탈 전쟁 관습의 빛 아래서 구약성서의 전쟁기사를 바라보려는 태도 또한 좋은 해석학적인 시도다.

다만 우리는 구약에서 평지와 곡창지대를 차지하며 도시 문명을 건설하는 주도 세력이었던 "가나안 족속들"(창 10:6-20)이라는 존재가 동쪽 산간지역에 미약하게 살던 셈족에게 골리앗(고대 거인족인 아낙 자손, 네피림) 같은 존재였다는 사실을 알

고(민 13:28-29, 31-33) 가나안 족속 멸망 스토리를 읽어야 한다. 여호수아 당시 서른 개의 가나안 도시국가들(여리고 왕부터 하솔을 거쳐 디르사 왕까지)(수 12:9-24)은 모두 이집트의 봉신 국가들이었다. 이들은 모세와 여호수아 주도의 출애굽을 반기지 않았다. 봉신 국가는 종주 국가의 노예들이 자기 나라에 도망쳐 오면 다시 잡아 종주 국가에 갖다 바쳐야 하는 의무를 지고 있었다. 출애굽한 이스라엘 자신들이 탈출한 이집트의 봉신 국가들과 2차 출애굽 해방전쟁을 할 수밖에 없었다. 이 맥락에서 가나안 함족의 후예로서 요새화된 성벽을 갖고 철 병거로 무장한 절대적 강자들을 상대로 약자인 유목민들이 가나안 땅 일부를 두고 전쟁을 했다. 그것은 가나안 지배층 왕들에 대한 전쟁이었다는 것이다. 구약성서는 이런 맥락에서 전쟁도 인정하고 폭력도 인정한다. 야웨의 가나안 땅 정복 명령은 가나안 족속에게 특정된 것이 아니었다. 이스라엘 또한 가나안 원주민처럼 땅을 오남용하면 땅을 빼앗기고 가나안 원주민 신세를 면치 못할 것이라는 경고를 처음부터 듣는다. 또 한 가지 성밖에 사는 가나안 원주민들은 정복 대상이 결코 아니었다는 점이 아주 중요하다. 가나안 족속들의 정복기사를 고대 근동의 시대상에 비추어 재해석하면 이렇다. 제2차 세계대전 마지막 주간 전쟁 상황에 빗대어 설명할 수 있다. "1945년 5월 1일부터 7일까지 연합군의 베를린 폭격은 전대미문의 폭력방출이었고 게르만 우월주의자들의 사령부에 대한 최종 결산적 공격이었다. 그러나 그것은 해발 2,000미터 알프스로, 지하실로, 해외로 망명 도피의 길을 떠난 모든 연약한 유럽인들에 대한 해방전쟁이었고, 약자를 구원하기 위해 강자에게 가해진 정의로운 폭력이었다." 현재 팔레스타인 사람들에 대한 이스라엘의 폭력이 우리의 눈을 가려 주전 13-11세기 고대 근동에서 벌어진 강자와 약자의 갈등의 진상을 볼 수 없게 만드는 현실이 안타깝다.

김회권 숭실대학교 기독교학과 교수

구약의 전쟁기사를 읽을 때마다 조마조마하고 때론 섬뜩하고 두렵다. 가나안 정복 기사를 읽을 때는 더더욱 그러하다. 특히 가나안족을 진멸하라는 하나님의 명령(예, 신 7:1-2)은 잔인한 고대 장수의 야만적인 목소리처럼 들리기까지 한다. 어떻게 그럴 수가 있을까 하며 말이다. 찰리 트림 교수가 이 책에서 다루는 "하나님은 폭력에 연루되어 있는가?" 하는 질문은 아주 오래된 신학 윤리적 및 성서 해석학적 난제다. 구약을 읽는 평범한 독자들이나 전문적 성서-신학자들 모두에게 그러하다.

가나안 정복 기사는 실제 역사 기술인가? 어떻게 해석해야 하는가? 어쨌든 대량 학살을 의미하는 진멸(혜렘)은 성경의 독자들에게 심각한 윤리 도덕적 골칫거리가 된다. 하나님과 대량 학살 명령이라는 결코 어울릴 수 없는 도덕적 난제에 대해 뾰족한 해법이 있겠는가? 출애굽기를 연구하며 "전사로서 야웨 하나님"이란 논문으로 박사학위를 취득한 찰리 트림은 여세를 몰아 가나안족 멸절에 관한 간결하고도 통찰력 있는 책을 써냈다. 고대 근동에서의 전쟁 개념과 실제, 고대사회에서의 대량 학살 문제, 가나안족의 정체 등을 살핀 트림 박사는 하나님이 명령한 대량 학살에 관련된 윤리적 난관을 해결하려는 학문적 입장들을 네 가지 견해로 요약하고 각 입장의 장단점을 분명하게 드러낸다. (1) 하나님은 선하지 않은 신이다. (2) 구약은 정확한 사건 기록이 아니다. (3) 구약은 가나안족 멸망을 대량 학살로 묘사하지 않는다. (4) 가나안족 대량 학살은 정당하다.

복음주의 신학, 특별히 성경의 무오성을 취하는 트림 박사에겐 네 가지 입장 중에 선호하는 견해가 있는 듯하지만, 그에겐 이 문제의 올바른 대답을 제시하는 것이 저술의 목적이 아니라 문제에 대해 제시된 다양한 해결점들을 독자들에게 보여줌으로써 하나님이 연루된 폭력성에 관한 큰 그림을 볼 수 있게 하는 일이다. 대답 대신 고민하게 하는 수많은 질문을 불러내는 책이다. 성서해석의 중요성과 어려움을 진솔하게 드러낸다. 진지하게 읽어야 하는 책이다. 한 번쯤 구약의 하나님과 예수 그리스도 안에 나타나신 신약의 하나님이 어떻게 같은 하나님인지를 생각해보아야 할 것이다.

류호준 백석대학교 신학대학원 은퇴 교수

가나안 땅을 둘러싼 근동 지역에서 벌어지고 있는 반인륜과 폭력과 전쟁이 끝날 기미가 보이지 않는 작금의 사태에서 미루어 짐작할 수 있듯이 전쟁은 상상을 초월한 혼란, 무차별적 살해, 비인간적인 고통을 초래한다. 그런데 구약성경 안에 이와 같은 폭력과 전쟁을 다름 아닌 야웨 하나님께서 명령하시고 승인하시는 장면들이 여러 곳에 실려 있다니! 이는 분명 현대 그리스도인들에게 딜레마요 그들을 아니 우리를 걸려 넘어지게 하는 것(scandal)임에 틀림없다.

이 책의 저자인 찰리 트림은 민감하면서도 무척이나 힘들고 당혹스러운 이 주제를 붙들고 씨름한다. 그는 먼저 고대 근동의 역사적 배경과 문화 안에서 다양한 모습으로 발생했던 "전쟁"을 있는 그대로의 모습으로 대하도록 독자들을 안내한다. 이 시간 여행을 통해, "전쟁"을 묘사한 신화들과 역사적 문헌들 안에 투영된 고대 왕(권)들의 권력을 향한 욕구와 더불어 자신들의 업적을 과장하고 신적으로 드높이는 허세의 민낯도 슬며시 폭로한다(트림은 이것을 "수사적 윤색"이라고 부른다). 그러고 나서 저자는 고대 근동의 역사적 배경과 문화 안에서 각기 정도와 범위를 달리하며 시행된 "헤렘"의 여러 사례를 소개한다. 이는 "헤렘"에 대한 편견이나 고정관념을 제거하는 데 중요한 역할을 한다.

이처럼 주도면밀하게 기초 작업을 마친 후 트림은 본격적으로 구약성경 안에 실린 "헤렘" 및 전쟁을 수반하는 보다 포괄적인 "폭력"에 대한 기사들을 네 가지 견해에 따라 재평가한다(저자는 이 네 가지 견해들을 좀 더 구체적인 관점들로 세분화하여 분석한다. 본문 내용을 참고하라). 이 과정을 거치면서 저자는 전통 교회 시대부터 최근까지 시행되어온 관련 본문들의 해석 방법론 및 그 결과들을 재고하고 그 문제점들 및 한계점들도 함께 제시한다. 이 시도는 매우 중요하고 유의미하다. 가나안 정복에 관한 이러한 본문들을 해석하는 방법론들에 대한 재평가는 의심의 여지없이 구약성경 본문에 대한 다른 인식과 해석을 낳을 뿐만 아니라, 궁극적으로는 야웨 하나님 그분에 대한—즉 그분의 성품 및 구원 역사의 계획과 성취에 대한—새로운 이해와 낯선 만남으로 귀결되기 때문이다.

"폭력에 연루되신 하나님"이라는 이미지는 난감한 주제임이 틀림없다. 특히 현대 그리스도인에게는 더욱 그러하다. 야웨 하나님에 대한 편견과 오해에 사로잡힐 것인가? 아니면 구약성경을 통해 자신을 계시하신 그분을 새롭고 낯선 얼굴로 만날 것인가? 신학적 호기심과 시대적 필요와 도전 모두를 이 얇은 책에 아우른 트림의 고민과 혜안도 우리가 주목하여 살펴보아야 할 사항이다. 평소 이 문제를 진지하게 인식하고 물음을 가져온 평신도들은 물론이거니와 신학생들과 목회자들에게 자세히 그리고 반복해서 읽고 또 읽어 보기를 기꺼이 추천한다.

주현규 백석대학교 신학대학원 구약학 교수

이 책은 구약성경에 나오는 가나안 족속의 멸망 문제를 심도 있게 다룬다. 이 문제는 하나님의 폭력과 결부된 주제이기에 깔끔하게 해명되기 어려운 난제 중 난제다. 저자는 우선 고대 근동의 전쟁에 관한 전문적인 지식을 제공하고, 대량 학살의 역사와 정의(定意)를 상세히 다룬다. 이어서 가나안 족속의 역사와 정체성을 진술한다. 저자는 가나안 족속의 멸망에 대하여 네 가지 견해를 소개하고 장단점을 평가한다. 첫째는 "하나님은 선하시지 않다"는 견해다(무신론적 견해). 두 번째는 "구약성경은 충실한 기록이 아니라"는 견해다(비평적 견해). 세 번째는 "구약성경은 대량 학살과 비슷한 사건을 묘사하지 않는다"는 견해다. 네 번째는 "구약성경에 기록된 가나안 족속의 대규모 살해는 역사에서 그때에만 허용되었다"고 보는 견해다. 저자는 첫 번째 견해는 분명히 거부한다. 그러나 나머지 세 가지 견해에 대해서는 선택하지 않고 열어 놓는다. 저자의 의도는 이 문제에 대하여 옳은 해답을 논증하는 것이 아니다. 이 문제에 대하여 더 깊이 생각하고 다양한 해법을 더 잘 이해하기를 바랄 뿐이다. 가나안 족속의 멸절 문제는 구약학의 아킬레스건에 해당한다. 이 책은 이 문제를 이해하고 변증하는데 적절한 도움과 안내가 되어 줄 것이다.

차준희 한세대학교 구약학 교수, 한국구약학연구소 소장, 한국구약학회 회장 역임

시의적절한 주제에 대한 주요 관점을 검토하는 이 책은 독자에게 그 문제를 고려하기 위한 귀중한 통찰을 제공한다. 특히 가나안 족속들과의 전쟁에서 나타난 성경의 하나님의 폭력이라는 신학적 문제에 관심이 있는 사람이라면 이 책에서 유익을 얻을 것이다.

리처드 S. 헤스(Richard S. Hess) 덴버 신학교

이 책은 박식하고 사려 깊은 논의다. 대체로 열띤 논란이 벌어지고 있는 분야에서 트림은 밝은 빛을 비춰준다.

R. W. L. 모벌리(R. W. L. Moberly) 더럼 대학교

트림은 고대 근동에서의 전쟁에 대한 전문적인 지식을 바탕으로 이 난처한 윤리적 문제에 대한 통상적인 접근법들을 개관하고 비평하며 그 접근법들의 함의를 고려한다. 트림은 그 문제에 대한 해법을 제공하지 않는다. 대신 그는 수업 시간의 논의에서 학생들이 구약성경에 나타난 폭력의 문제에 대해 씨름하고 자신의 접근법을 개발하기 위한 토대를 놓는다.

카르멘 조이 아임스(Carmen Joy Imes) 바이올라 대학교

이 뛰어난 책은 성서학자들이 성경에 기록된 가나안 정복 이야기들로 말미암아 제기된 도덕적 도전들을 설명하기 위해 노력해온 방식들을 정직하고 냉정하게 바라본다. 쉬운 해법들이 제공되지는 않지만, 독자는 그 문제의 본질을 훨씬 더 잘 이해하게 될 것이다.

게리 앤더슨(Gary A. Anderson) 노터데임 대학교

당신이 가나안 정복 사건의 윤리적 문제나 그 주제에 관해 쓰인 책의 수(와 두께!)에 압도당했다면 얇고 접근하기 쉬운 트림의 이 책으로 시작하라. 트림은 그 문제에 대해 가능한 해석상의 해법을 주의 깊게 살펴보기 전에 고대의 맥락, 대량 학살 개념, 가나안 족속들의 신원에 대한 배경을 제공한다. 나는 독자들이 이 어려운 주제에 대한 트림의 지혜와 통찰에 대해 내가 그랬던 것처럼 무척 고마워할 것이라고 확신한다.

데이비드 T. 램(David T. Lamb) 미시오 신학교

성경에 의해 제기된 오래된 윤리적 문제들을 정직하게 다루는 이 책은 다양한 관점들 사이의 대화, 그 관점들의 장점과 약점에 대한 공정한 평가, 독자에게 결론이 미리 정해지지 않은 대화에 참여하라는 초청을 특징으로 한다. 이 책은 관대하고 다양한 관점이 표출되는 대화에 헌신하는 현명한 교사를 통해 인도되는 수업의 토론처럼 읽힌다. 트림이 고대 전쟁들의 실상, 역사적 가나안 족속들, 현대의 대량 학살 연구에 기울이는 관심은 유사한 저작들에서 좀처럼 볼 수 없는 깊이를 더한다. 간결한 이 책은 하나님과 폭력과 성경에 관해 광범위하고 절실하게 필요한 논의를 위한 편리한 입문서다.

브래드 E. 켈리(Brad E. Kelle) 포인트 로마 나자린 대학교

THE DESTRUCTION OF THE CANAANITES

God, Genocide, and Biblical Interpretation

CHARLIE TRIMM

THE DESTRUCTION OF THE CANAANITES

하나님과 대량 학살에 관한 여러 해석

하나님은 정말

찰리 트림 지음

인종청소를

노동래 옮김

명하셨는가?

새물결플러스

약어 목록

ABL   *Assyrian and Babylonian Letters Belonging to the Kouyunjik Collections of the British Museum.* Edited by Robert F. Harper. 14 vols. Chicago: University of Chicago Press, 1892-1914.

AEL   *Ancient Egyptian Literature.* Miriam Lichtheim. 3 vols. Berkeley: University of California Press, 1971-1980.

ANEP   Pritchard, James B., ed. *The Ancient Near East in Pictures Relating to the Old Testament.* 2nd ed. Princeton: Princeton University Press, 1994.

ANET   Pritchard, James B., ed. *Ancient Near Eastern Texts Relating to the Old Testament.* 3rd ed. Princeton: Princeton University Press, 1969.

AOAT   Alter Orient und Altes Testament

AOS   American Oriental Series

ARM   Archives Royales de Mari

BASOR   *Bulletin of the American Schools of Oriental Research*

BBRSup   Bulletin for Biblical Research Supplements

BJS   Brown Judaic Studies

BM   British Museum

BZAW   Beihefte zur Zeitschrift für die alttestamentliche Wissenschaft

CBQ   *Catholic Biblical Quarterly*

CBR   *Currents in Biblical Research*

CHANE   Culture and History of the Ancient Near East

CO   Hallo, William W., and K. Lawson Younger Jr., eds. *The Context*

	of Scripture. 4 vols. Leiden: Brill, 1997–2016.
EA	El-Amarna letter
ESV	English Standard Version
FAT	Forschungen zum Alten Testament
HTR	*Harvard Theological Review*
JETS	*Journal of the Evangelical Theological Society*
JJS	*Journal of Jewish Studies*
JPS	Jewish Publication Society
JSOTSup	Journal for the Study of the Old Testament Supplement Series
JTI	*Journal of Theological Interpretation*
JTISup	Journal of Theological Interpretation Supplements
NIVAC	NIV Application Commentary
OtSt	*Oudtestamentische Studiën*
RIMA 1	Grayson, A. Kirk. *Assyrian Rulers of the Third and Second Millennia BC (to 1115 BC)*. The Royal Inscriptions of Mesopotamia, Assyrian Periods 1. Toronto: University of Toronto Press, 1987.
RIMA 2	Grayson, A. Kirk. *Assyrian Rulers of the Early First Millennium BC I (1114-859 BC)*. The Royal Inscriptions of Mesopotamia, Assyrian Periods 2. Toronto: University of Toronto Press, 1991.
RIMA 3	Grayson, A. Kirk. *Assyrian Rulers of the Early First Millennium BC II (858-745 BC)*. The Royal Inscriptions of Mesopotamia, Assyrian Periods 3. Toronto: University of Toronto Press, 1996.
RINAP 1	Tadmor, Hayim, and Shigeo Yamada. *The Royal Inscriptions of Tiglath-pileser III (744-727 BC) and Shalmaneser V (726-722 BC), Kings of Assyria*. Royal Inscriptions of the Neo-Assyrian Period 1. Winona Lake, IN: Eisenbrauns, 2011.
RINAP 2	Frame, Grant. *The Royal Inscriptions of Sargon II, King of Assyria (721-705 BC)*. Royal Inscriptions of the Neo-Assyrian Period 2.

University Park: Eisenbrauns, 2021.

RINAP 3/1 Grayson, A. Kirk, and Jamie Novotny. *The Royal Inscriptions of Sennacherib, King of Assyria (704-681 BC), Part 1*. Royal Inscriptions of the Neo-Assyrian Period 3/1. Winona Lake, IN: Eisenbrauns, 2012.

RINAP 3/2 Grayson, A. Kirk, and Jamie Novotny. *The Royal Inscriptions of Sennacherib, King of Assyria (704-681 BC), Part 2*. Royal Inscriptions of the Neo-Assyrian Period 3/2. Winona Lake, IN: Eisenbrauns, 2014.

RINAP 4 Leichty, Erle. *The Royal Inscriptions of Esarhaddon, King of Assyria (680-669 BC)*. Royal Inscriptions of the Neo-Assyrian Period 4. Winona Lake, IN: Eisenbrauns, 2011.

RINAP 5/1 Novotny, Jamie, and Joshua Jeffers. *The Royal Inscriptions of Ashurbanipal (668-631 BC, Assur-etal-ilani (630-627 BC), and Sin-sarra-iskun (626-612 BC), Kings of Assyria, Part 1*. Royal Inscriptions of the Neo-Assyrian Period 5/1. Winona Lake, IN: Eisenbrauns, 2018.

RITA   Kitchen, K. A. *Ramesside Inscriptions Translated and Annotated: Translations*. 7 vols. Oxford: Blackwell, 1993-2014.

SAA   Parpola, Simo. *The Correspondence of Sargon II, Part 1: Letters from Assyria and the West*. State Archives of Assyria 1. Helsinki: Helsinki University Press, 1987.

SAA 2   Parpola, Simo, and Kazuko Watanabe. *Neo-Assyrian Treaties and Loyalty Oaths*. State Archives of Assyria 2. Helsinki: Helsinki University Press, 1988.

SAA 16   Luukko, Mikko, and Greta Van Buylaere. *The Political Correspondence of Esarhaddon*. State Archives of As syria 16. Helsinki: Helsinki University Press, 2002.

SAA 19	Luukko, Mikko. *The Correspondence of Tiglath-pileser III and Sargon II from Calah/Nimrud.* State Archives of Assyria 19. Helsinki: The Neo-Assyrian Text Corpus Project, 2012.
SBLWAW	Society of Biblical Literature Writings from the Ancient World
SJOT	*Scandinavian Journal of the Old Testament*
SLA	Pfeiffer, Robert H. State *Letters of Assyria: A Transliteration and Translation of 355 Official Letters Dating from the Sargonid Period (722-625 B.C.).* AOS 6. New Haven: American Oriental Society, 1935.
TynBul	*Tyndale Bulletin*
VCSup	Vigiliae Christianae Supplements
VT	*Vetus Testamentum*
VTSup	Supplements to Vetus Testamentum
WTJ	*Westminster Theological Journal*
WUNT	Wissenschaftliche Untersuchungen zum Neuen Testament
ZAW	*Zeitschrift für die alttestamentliche Wissenschaft*

서론

역사를 뒤돌아보면 우리는 인간이 끔찍한 행동에 관여한 예를 많이
볼 수 있다. 하지만 우리의 역사의 이 모든 야비한 부분 중 대량 학살
(genocide)은 확실히 최악에 속한다. 그중 제2차 세계대전 때 독일이
유대인 600만 명을 죽인 대학살이 가장 유명하다. 하지만 르완다, 튀
르키예, 캄보디아 등에서 덜 알려진 다른 대량 학살도 많이 일어났다.
이런 대량 학살 사례들도 우리를 침울하게 만들지만, 구약성경에서
대규모 학살의 이야기들을 읽는 그리스도인들은 훨씬 더 심란해진다.
야웨가 야곱의 아들 시므온과 레위가 세겜 사람들을 학살한 것을 승
인하지 않으셨다(창 34장; 49:5-7)고 말함으로써 이 기사들의 일부가
합리화될 수도 있다.[1] 그러나 구약성경 전체에서 인간에 의해 선동된
학살과 야웨가 인가하신 학살 사이를 그렇게 깔끔하게 분리하는 것을
유지하기는 어렵다. 예를 들어 신명기 7:1-2에 기록된 야웨의 명령은
대량 학살처럼 들린다.

---

1   야웨는 구약성경에서 계시된 하나님의 이름이며, 현대의 번역본들에서는 흔히 주님
     (LORD)으로 번역된다.

네 하나님 여호와께서 너를 인도하사 네가 가서 차지할 땅으로 들이시고 네 앞에서 여러 민족 헷 족속과 기르가스 족속과 아모리 족속과 가나안 족속과 브리스 족속과 히위 족속과 여부스 족속 곧 너보다 많고 힘이 센 일곱 족속을 쫓아내실 때에 네 하나님 여호와께서 그들을 네게 넘겨 네게 치게 하시리니 그때에 너는 그들을 진멸할 것이라. 그들과 어떤 언약도 하지 말 것이요 그들을 불쌍히 여기지도 말 것이며.

구약성경의 독자들이 이런 폭력적인 텍스트들을 만날 때 직면하는 문제를 묘사하는 한 가지 방법으로 군인들이 전쟁에 종사할 때 그들에게 가해진 도덕적 부상, 도덕적 피해의 렌즈를 통해서 보는 방법이 있다. 브래드 켈리(Brad Kelle)는 도덕적 부상을 "(자신이나 다른 사람들에 의해) 한 개인의 도덕적 신념들을 위반한 데서 비롯되는 비물리적인 상처"로 정의한다.[2] 이 도덕적 부상은 장수들이 병사들에게 비도덕적인 명령을 따르도록 지시하는 상황에서 특히 편만하다. 켈리는 이 개념을 구약성경에 적용했다. 독자들이 동정심이 많고 자비롭다고 생각하는 신이 비도덕적이고 그의 추종자들에게 정신적 충격을 유발하는 것처럼 보이는 방식으로 행동했다.[3] 그는 도덕적 부상에 관한 연구를 통해 도덕적 회복에 관여함으로써 이 문제를 다룰 때 유용한 두 가지 관

---

2 Brad E. Kelle, *The Bible and Moral Injury: Reading Scripture Alongside War's Unseen Wounds* (Nashville: Abingdon, 2020), 2.

3 Kelle, *Bible and Moral Injury*, 139-68.

찰사항을 제공한다. 첫째, 그는 "도덕적으로 해로운 경험들에 관해 대화할" 필요를 강조한다.[4] 둘째, 그는 도덕적 회복을 위해서는 "도덕적인 부상의 경험을 공유해서 해로운 상황과 치유 및 회복 작업 모두를 위한 책임의식이 공유될 수 있게 할 필요가 있다"고 말한다.[5]

이 책에서 나의 목표는 가나안 족속의 멸망이라는 윤리적 문제에 대한 "올바른 대답"을 말해주는 것이 아니다. 대신 나는 당신이 그 문제의 좀 더 완전한 그림을 보도록 도와주고, 당신과 함께 제안된 다양한 해법들을 살펴보며, 그것들의 장점과 약점을 강조하기를 원한다. 켈리의 제안을 따라 나는 당신에게 도덕적 회복 과정의 일환으로서의 대화를 소개하기를 참으로 원한다. 나는 이 책이 공동체들이 이 중요한 대화를 계속하기 위해 모이기 위한 도약판 역할을 하기를 소망한다.

가나안 족속의 멸망 문제를 그것의 역사적 맥락에서 이해하도록 도움을 주기 위해 나는 약간의 배경을 살펴보는 것으로 우리의 여행을 시작할 것이다. 이 책에서는 대략 기원전 2000년에서 기원전 500년까지의 시기를 포함하고, 지리적으로 남쪽의 이집트에서 동쪽의 메소포타미아까지를 포함하는 고대 근동의 전쟁에 대한 조사는 전쟁이 대개 어떤 식으로 수행되었는지를 우리가 배우도록 도와줄 것이다(1

---

4   Kelle, *Bible and Moral Injury*, 163.
5   Kelle, *Bible and Moral Injury*, 164. 켈리는 도덕적 회복에 이르는 세 번째 경로인 탄식에 대해서도 말하는데 탄식은 이 책의 끝에서 논의될 것이다.

장).[6] 이 조사에 이어 우리는 대량 학살의 역사와 정의(2장), 가나안 족속들의 신원(3장)을 배울 것이다.

이 책의 2부는 가나안 족속들의 멸망 문제에 대해 네 가지 범주의 답변—하나님을 재평가하기(4장), 구약성경을 재평가하기(5장), 구약성경의 해석을 재평가하기(6장), 구약성경에 기록된 폭력을 재평가하기(7장)—을 다룰 것이다.

---

6   이 섹션에 나오는 내용은 Charlie Trimm, *Fighting for the King and the Gods: A Survey of Warfare in the Ancient Near East*, Resources for Biblical Literature 88(Atlanta: Society of Biblical Literature, 2017)을 간략하게 요약한 것이다.

지도 1. 고대 근동

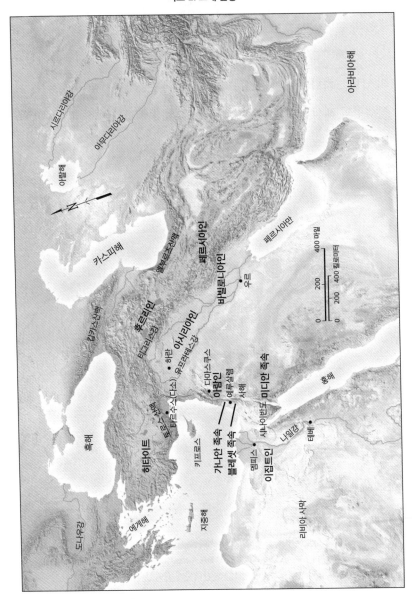

1부

배경

1장

THE DESTRUCTION OF THE CANAANITES

고대 근동에서의 전쟁

전쟁의 원인

고대 근동에 존재하던 나라들은 다양한 이유로 전쟁을 했다. 우리가 예상할 수 있는 바와 같이 자기방어나 공격을 받은 동맹국을 방어하는 것은 전쟁의 흔한 이유였다. 예를 들어 기원전 12세기 이집트의 파라오였던 람세스 3세(Ramses III)는 바다 사람들(성경에서 블레셋 족속으로 알려진 사람들을 포함한다)이 이집트를 공격하자 그들을 무찔렀다.[1] 대체로 가나안의 왕들이 기원전 1350년 경에 파라오 아크나톤(Akhenaten)에게 쓴 아마르나 문서(Armana letters)는 자기방어를 위해 다음과 같은 도움을 요청했다. "더욱이 그 사람은 제게서 성읍 세 개를 빼앗아 간 하수라(Ḥaṣura)의 통치자라는 것을 주목하소서. 제가 이것을 듣고 확인한 때부터 그에 대항하여 싸워왔나이다. 참으로 나의 주이신 왕께서 이 일을 아시고 나의 주이신 왕께서 왕의 종을 생각하시기를 원하나이다."[2]

전쟁을 벌이는 또 다른 중요한 이유는 현대인에게는 이상하게 들리는데, 그것은 바로 혼돈으로부터 보호하기 위함이었다. 나라들은 조약의 파기와 사악한 행동들 같은 데서 혼돈이 표출된다고 보았다. 심지어 자기들의 국경 밖에서 발견되는 혼돈조차 세상의 모든 곳의 질서를 위험에 빠뜨릴지도 모르기 때문에 그것을 위험하다고 인

---

1   "The 'Sea Peoples' Records of Ramesses III," trans. K. A. Kitchen (COS 4.2:11-14).
2   EA 364; translation from William L. Moran, ed. and trans., *The Amarna Letters* (Baltimore: Johns Hopkins University Press, 1992), 362.

식했다. 현대의 용어로 말하자면 이는 우리가 인권에 접근하는 방식에 비교될 수 있을 것이다. 예를 들어 한 국가가 보편적 인권이라는 이상을 떠받치기 위해 또 다른 국가 안에서 억압받고 있는 소수 인종을 보호하기 위한 전쟁을 벌일 수도 있다. 이집트에서 질서 개념은 **마아트**(*maat*)라는 용어를 통해 표현된 반면 항상 세상을 궤멸시키려고 위협한 혼돈은 **이스프트**(*isft*)로 표현되었다. 파라오의 주요 의무 중 하나는 **마아트**를 장려하고 **이스프트**를 무찌르는 것이었다.[3] 외국의 정복은 그곳의 혼돈을 무찌르고 질서를 가져왔다. 예를 들어 람세스 2세(Ramses II, 기원전 13세기)는 이집트가 통치하는 곳에서는 여행자들이 안전하다고 주장했다. "그 뒤 남자나 여자가 시리아로 장사하러 갈 때 그들은 왕의 위대한 승리들 덕분에 수시로 찾아오는 두려움 없이 심지어 하티 부족의 땅까지 도달할 수 있었다.[4] 기원전 7세기 때 신아시리아 제국의 왕이었던 에사르하돈(Esarhaddon)이 다음과 같이 말한 데서 볼 수 있듯이, 아시리아인들은 세상을 비슷한 방식으로 보았다. "위대한 주이신 아슈르(Aššur) 신이 나의 행위의 영광스러운 힘을 백성에게 드러내기 위해 그가…아슈르 신에게 도덕적인 죄를 짓거나 범죄를 저지르거나 그를 소홀히 한 (모든) 나라를 노략질하고 약탈하도

---

3   John Baines, "Ancient Egyptian Kingship: Official Forms, Rhetoric, Context," in *King and Messiah in Israel and the Ancient Near East: Proceedings of the Oxford Old Testament Seminar*, ed. John Day, JSOTSup 270 (Sheffield: Sheffield Academic, 1998), 41-46.

4   *RITA* 2, Ramesses II 67:99.

록 내게 힘을 주셨다."[5]

　오늘날과 마찬가지로 고대인들은 그들의 전쟁의 원인을 약탈품을 획득하기 위한 욕구로 묘사하지 않았지만, 그것은 확실히 그들의 결정에서 중요한 역할을 했다. 예를 들어 어떤 왕은 그의 동맹국에게 그들이 왜 함께 전쟁에 나가야 하는지를 썼다. "왕의 군대가 왕을 축복하도록 노략품으로 그들을 '살찌우십시오.'"[6] 출정에 관한 몇몇 낙서에서 어떤 이집트 군사는 다음과 같이 썼다. "교전은 없었다. 나는 누비아인의 땅에서 그들을 (포로로) 데리고 돌아가지 못할 것이다."[7]

전쟁 준비

전쟁 자체가 가장 많은 관심을 끌었지만 현명한 장군들은 전쟁 준비는 실제로 전투를 벌이는 것만큼 중요하다는 것을 안다. 지도자들은 현대의 군대가 이용할 수 있는 정교한 기술을 갖고 있지는 않았지만 적들에 관해 상당한 양의 정보를 모을 수 있었다. 어떤 경우에는 외국의 백성들이 스스로 왕들에게 정보를 제공했다. 실제로 좋은 봉신 왕이 되는 것의 중요한 부분은 자신의 종주(suzerain), 즉 그를 정복한 왕

5　RINAP 4, 185.

6　ARM 5.16 in Jack M. Sasson, *The Military Establishment at Mari*, Studia Pohl 3 (Rome: Pontifical Biblical Institute, 1969), 48.

7　R. B. Parkinson, *Voices from Ancient Egypt: An Anthology of Middle Kingdom Writings*, Oklahoma Series in Classical Culture 9 (Norman: University of Oklahoma Press, 1991), 95.

에게 계속 정보를 제공하는 것이었다. 봉신과 맺은 아시리아의 어느 조약은 다음과 같은 조항을 포함한다. "너는 어느 왕의 입에서 들었든 어떤 나라에 관한 정보이든 간에 우리나 아시리아에 영향을 주거나 해로운 말은 어느 것도 내게 숨기지 말지니라. 너는 내게 글을 써 보내 내가 그것에 주의를 기울이게 할지니라."[8] 출정 중의 정찰 활동 역시 현지의 지형, 적군의 구성에 관한 세부사항, 적의 위치 등에 관해 아는 중요한 방법이었다. 람세스 2세는 사로잡힌 히타이트의 정탐꾼이 사실은 히타이트의 왕이 이미 전장으로 나아가고 있는데도 아직 고국에 있다고 이집트인들을 안심시켰을 때와 관련된 중대한 정탐의 실패를 자세히 얘기한다.[9]

지도자들은 또한 전쟁을 위해 군사를 징발해야 했다. 나라들은 대개 자신의 국민을 그들의 군대에 복무하도록 했고 그 과정의 질서를 세우는 다양한 수단을 만들었다. 그러나 많은 나라가 그들의 군대에 외국인 집단의 용병을 사용하기도 했다. 예를 들어 기원전 722년에 사마리아가 아시리아인들에게 패한 후 이스라엘인으로 구성된 마차부대가 사르곤 2세(Sargon II) 치하의 아시리아 군대에 복무했다. "나는 그들로부터 전차 200개를 징발해서 나의 군대에 편입했다."[10] 이 외에도 군인들의 삶을 풍자하는 이집트의 어느 기록은 죄수들이

---

8   SAA 2.13.
9   "The Battle of Qadesh—The 'Bulletin' Text," trans. K. A. Kitchen (COS 2.5B:39).
10   RINAP 2, 330.

군대에 복무할 때 그들에게 낙인을 찍었다고 언급한다.[11]

다른 중요한 전쟁 준비는 전쟁터로 행군하는 것이나 요새를 강화하는 것과 관련이 있었다. 장거리 행군을 위해 왕들은 대개 봄에 출정을 시작했다(삼하 11:1). 예를 들어 파라오 투트모세 3세(Thutmose III)는 밀 수확이 끝나가는 시기인 4월 초에 므깃도 원정을 시작했다.[12] 고대 군대의 평균 진군 속도는 그들이 도보로 행군할 경우 평균적으로 하루에 약 16-21킬로미터였던 것으로 보인다.[13] 자연이 자주 적군만큼이나 큰 위험 요소였다. 아시리아 왕 티글라트 필레세르 1세의 다음 인용문에서 볼 수 있듯이, 왕들은 흔히 적을 무찌른 것과 유사한 용어로 산이나 사막이나 강을 정복한 것을 자랑했다. "나의 전차들이 지나가기 어려운 지역인 아루마산에서 나는 나의 전차부대를 포기했다. 나는 나의 전사들을 이끌고 위험한 산의 돌출부를 넘어 독사 같은 악독함을 이기고 미끄러지듯이 나아갔다."[14] 군대에서 가져갈 수 있는 보급품은 한정되었기 때문에 종종 이런 장기간의 행군에 물과 식량을 공급하기도 까다로웠다. 군대들은 진군 경로를 따라 보급소를 세우고 동맹국들에게 군수물자를 공급하게 하거나 현지의 거주자들에게 양식을 내놓게 했다. 공격하는 군대가 진군하는 동안 방어자들은 요새

---

11   Ricardo A. Caminos, *Late-Egyptian Miscellanies*, Brown Egyptological Studies 1 (London: Oxford University Press, 1954), 230.

12   "The Annals of Thutmose III," trans. James K. Hoffmeier (COS 2.2A:8).

13   Trimm, *Fighting for the King and the Gods*, 129-33.

14   RIMA 2, 16.

들을 강화했는데, 일반적으로는 그들의 주요 성들을 강화하는 데 초점을 맞췄지만, 종종 변경(邊境)의 요새들을 강화하기도 했다. 역대하 32:1-5은 히스기야가 진군하는 아시리아 군대가 도착할 것에 대비해 예루살렘을 요새화한 것에 관한 기사를 제공한다.

전투와 전쟁 무기

고대 근동의 군대들은 주로 두 가지 유형의 전투를 치렀다. 첫째, 몇몇 전투는 벌판에서 벌어졌는데 아쉽게도 이런 전투에 대한 구체적인 전술들은 알려지지 않았다. 기원전 두 번째 천년기 중반에 전차들이 개발되어 이동식 발사대로서 중요한 역할을 했다. 전차를 탄 궁수(弓手)들이 적군에 가까이 접근해서 그들에게 화살을 퍼부은 뒤 쉽게 공격당하지 않고 퇴각할 수 있었다.

그림 1. 베이트 엘 왈리에서 나온 람세스 2세의 양각 주조. 런던 대영박물관 소장.

그림 2. 아슈르나시르팔 2세의 기병대. 런던 대영박물관 소장.

그림 3. 메세흐티 무덤에서 나온 창병(槍兵). 이집트 카이로 박물관 소장. 사진: Udimu / CC-BY-SA-3.0.

전차의 패권은 기원전 800년경에 기병대가 그 역할을 넘겨받을 때까지 계속되었다. 활은 고대 근동에서 가장 중요한 원거리 무기였다. 전차나 말을 탄 궁수의 존재는 적군을 겁에 질리게 했을 것이다. 백병전의 가장 흔한 공격 무기는 창이었다. 좀 더 이른 시기에는 철퇴와 도끼가 사용되었지만, 그것들은 검으로 대체되었다. 그러나 이런 무기 중 어느 것도 창만큼 널리 퍼지지 않았다. 가죽이나 천으로 만든 갑옷 같은 방어 무기가 그 시기 동안 좀 더 흔해졌지만 투구와 방패가 자주 사용되었다. 금속 갑옷은 드물었다.

두 번째로 흔한 종류의 전투는 포위였는데, 주요 성들의 대규모 성벽들은 공격하는 적군이 신속하게 승리하는 것을 방해했을 것이기 때문에 수성(守城) 작전은 방어자들의 기본적인 선택이었을 것이다. 시골의 주민들이 성들로 도망갔기 때문에 포위 기간에 인근의 마을들은 종종 비어 있었다. 벌판에서 군대를 오랫동안 유지하는 것이 어려웠기 때문에, 방어자들은 공격자들을 고국으로 돌아가게 할 경우 효과적으로 승리를 거둘 수 있었다. 공격자들은 성의 식량 공급이 줄어들어 성안에 무서운 기아 상태가 야기될 때까지 포위를 유지함으로써 승리할 수 있었다(왕하 6:25-29). 성을 직접 공격할 때는 공성퇴(batter), 터널 파기, 큰 도랑 파기, 사다리, 공성탑이 사용되었다. 방어자들은 공성탑에 불을 지르거나 성안에 대항 사면(counter ramp)을 구축하는 등의 방법으로 직접 공격에 맞서는 다양한 전략을 개발했다. 가장 유명한 포위 중 하나는 기원전 701년에 아시리아인들이 유다의 라기스성을 포위한 것이었다.

　다른 유형의 전쟁은 덜 흔했다. 고대 근동의 군대들은 대체로 육지에 토대를 두었기 때문에 해전은 드물었다. 그리고 다윗과 골리앗의 이야기에도 불구하고 고대 근동에서는 각 진영의 대표가 일대일로 맞붙는 싸움은 매우 드물었다. 마지막으로, 때로는 전투에서 (기습 공격이나 야간 공격 같은) 속임수가 사용되는데, 이는 특히 포위 중에나 선택의 여지가 적었던 작은 왕국들에 의해 사용되었다.

그림 4. 아시리아 군사들. 베를린 고대 근동 박물관 소장. 사진: Wolfgang Sauber / CC-BY-SA-3.0.

그림 5. 이집트의 람세스 2세에 의한 포위. 이집트 룩소르 인근의 테베 묘지에 있는 라메세움에 있음.

그림 6. 아시리아의
센나케리브에 의한
라기스 포위. 런던
대영박물관 소장.

전쟁의 결과

패배자에 대한 전쟁의 명백한 결과 중 하나는 도주였는데, 승리자는
그것을 생생한 은유로 묘사하기를 즐겼다. 예를 들어 기원전 7세기 신
아시리아 제국의 왕이었던 센나케리브(Sennacherib, 구약성경에서는 산혜
립으로 표기됨)는 다음과 같이 말했다. "그들은 목숨을 구하기 위해 자
기들의 군영을 버렸다. 그들은 자기 군대의 시신을 밟으며 서둘러 달
아났다. 그들의 심장은 쫓기는 어린 비둘기의 심장처럼 두근거렸다.

그림 7. 람세스 3세가 손의 수효를 세는 모습을 그린 부조. 이집트의 메디네트 하부(Medinet Habu)에 있음. 사진: Asta.

그들은 자기들의 전차 안에 소변과 대변을 배설했다."[15] 승리자가 종종 곧바로 전리품을 챙겼다. 투트모세 3세는 그의 군대가 전투가 끝나지도 않았는데 전리품을 챙긴다고 질책했다.[16] 군사들 개인도 한 몫을 받기는 했지만 전리품과 포로들은 주로 왕과 신들에게 바쳐졌다. 군사들에게 그들이 죽인 적군의 수효에 따라 보상이 주어질 때도 있었는데, 그 수효는 자른 손으로 증명되었다.

15   RINAP 3/1, 184.
16   "The Annals of Thutmose III," trans. James K. Hoffmeier (COS 2.2A:11)

승리한 왕들은 때때로 적의 성, 곡식, 나무들을 파괴했다. 그들은 종종 패배한 적을 다양한 방식으로 모욕했는데, 그것은 주로 적의 지도자들에게 집중되었다. 예를 들어 이집트의 파라오 투탕카멘의 샌들의 발바닥이 닿는 면에는 포로들의 형상이 수놓아져 있어서 그가 계속해서 포로들 위로 "걸을" 수 있게 해 준 것을 묘사한다. 파라오 아멘호테프 2세(Amenhotep II)는 그의 적들의 시신을 전시했다. "폐하가 즐거운 마음으로 그의 아버지 암몬에게 돌아왔다. 그는 자신의 철퇴로 타크시 지역에 있던 왕자 일곱 명을 죽여서 그들의 시신을 폐하의 독수리 모양의 배의 뱃머리에 거꾸로 매달았다."[17] 기원전 18세기에 메소포타미아의 한 관리가 왕에게 그의 승리 소식을 퍼뜨리기 위해 잔인한 조치를 취하도록 권고했다. "(야민 부족에서) 생존한 **하나**(ḫana) 두 명을 국경까지 따라오게 한 후 국경에서 그들을 불구로 만드소서. 그들의 생존자들을 야민 부족에게 보내 내 주께서 무력으로 미슬란의 마을을 탈취하셨음을 선포하게 하소서."[18] 아시리아인들은 종종 적의 지도자들을 말뚝에 매달아 처형했다. 아슈르바니팔(Ashurbanipal)은 일단의 반역자들에게 자기 아버지의 뼈들을 부수도록 강요했는데, 그 사실이 그의 부조들 중 하나에 예시되었을 수도 있다.[19] 이 고문 배후

---

17   *ANET*, 248.

18   ARM 26.282 in Daniel E. Fleming, *Democracy's Ancient Ancestors: Mari and Early Collective Governance* (Cambridge: Cambridge University Press, 2004), 92.

19   RINAP 5/1, 73; Austen H. Layard, *A Second Series of the Monuments of Nineveh Including Bas-Reliefs from the Palace of Sennacherib and Bronzes from the Ruins of*

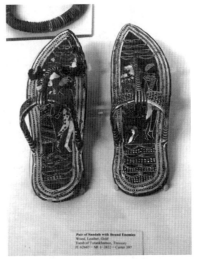

그림 8. 아시리아인들이 반역자들의 뼈
들을 부수는 모습. 대영박물관 소장. 그
림: Layard, A Second Series of the
Monuments of Nineveh (London: J.
Murray, 1853), plate 47.

그림 9. 투탕카멘의 샌달. 이집트 카이로 박
물관 소장.

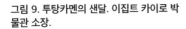

의 목적은 다른 나라들에 반역하면 그들의 운명도 마찬가지일 터이니

반역하지 말라고 경고하는 것이었다. 그러나 우리가 2장에서 살펴보

는 바와 같이 적을 근절하는 일은 드물었다.

　　정복의 정치적 결과는 다양했다. 때로는 지속적인 정치적 함의는

없이 단순히 약탈이나 보복을 위해 공격했다. 그러나 좀 더 강한 나라

가 그들이 정복한 영토에 더 큰 영향력을 발휘하는 때도 있었다. 첫 번

째 단계는 정복당한 왕에게 종주-봉신 관계에 들어오도록 강제하는

것이었다. 이 관계에서 종주(정복한 왕)는 봉신(정복당한 왕)을 보호할

Nimroud from Drawings Made on the Spot During a Second Expedition to Assyria
(London: J. Murray, 1853), plate 45.

그림 10. 센나케리브 휘하의 아시리아인들이 라기스에서 포로들을 말뚝에 매달아 처형하는 모습. 런던 대영박물관 소장.

것을 약속하고 봉신은 공물을 바칠 것을 약속했다. 봉신이 배신할 경우 다음 단계는 종주의 요구를 좀 더 고분고분하게 따를 다른 왕으로 교체하는 것이었다. 어떤 지역이 계속 반역할 경우 그 지역은 제국의 한 지방(pronince)으로서 종주의 직접적인 감독하에 놓일 수도 있었다.

신들과 전쟁

고대 근동에서는 모든 것에 신성이 부여되었다. 「에누마 엘리시」(메소포타미아 창조 신화)나 우가리트의 바알 사이클 같은 신화들에서 신들은 자주 혼돈과 싸우는 것으로 묘사되었으며, 부조들에서 신적인 전사들로 그려졌다. 왕들이 공격을 받으면 그들은 흔히 신들에게 도움을 요청했고, 신들의 참전을 확보하기 위해 전투 전에 제의를 수행했다. 이집트의 어떤 제의에서는 공들(balls)에 수호신들의 이름을 쓰고 주요 지점 네 곳(각각 이집트가 통치한 누비아, 아시아, 리비아, 상이집트와 하이집트를 대표한다)으로 굴렸다.[20]

람세스 2세는 전투 중에 다음과 같이 기도했다. "내 아버지 아문이시여, 무슨 일이니이까? 아버지가 아들을 무시한 적이 있나이까? 내가 당신 없이 어떤 일을 한 적이 있나이까?…오 아문이시여, 비열하고 신을 모르는 이 아시아인들이 당신께 무엇이니이까? 내가 당신을 위해 많은 기념비를 만들지 아니하였나이까? 나는 내 포로들로 당신의 신전을 채웠나이다." 아문은 다음과 같이 대답했다. "가라, 내가 너와 함께하리라. 나는 너의 아버지니라. 내 손이 너와 함께하리라! 나는 네게 사람들 수십만 명보다 유익하니라. 나는 용맹을 사랑하는 승리의 주니라."[21] 아시리아 왕들도 같은 방식으로 행동했다. 전차가 망가지면 출정 중인 왕자나 왕을 보호하기 위해 전차 위에서 제의가 수행될 수도 있었다.[22] 센나케립은 어느 전투를 치르기 전에 한 일을 다

---

20 Lana Troy, "Religion and Cult during the Time of Thutmose III," in *Thutmose III: A New Biography*, ed. Eric H. Cline and David O'Connor (Ann Arbor: University of Michigan Press, 2006), 151–52.

21 "The Battle of Qadesh—the Poem, or Literary Record," trans. K. A. Kitchen (COS 2.5A:34–35).

22 Stefan M. Maul, *Zukunftsbewältigung: Eine Untersuchung altorientalischen Denkens anhand der babylonisch-assyrischen Löserituale (Namburbi)*, Baghdader Forschungen 18 (Mainz: von Zabern, 1994), 397.

음과 같이 기록했다. "나는 나를 지원하는 신들인 니느웨의 아슈르(Aššur), 신(Sin), 샤마쉬(Šamaš), 벨(Bē), 네르갈(Nergal), 이쉬타르(Ištar) 신과 아르벨라의 이쉬타르 신에게 나의 강한 적에 대해 승리할 수 있도록 기도했고 그들은 즉시 내 기도에 귀를 기울이고 나를 도와주러 왔다."[23]

왕들은 전투에서 신들이 자기와 함께했으며, 드물게는 자기를 돕기 위해 자연이 기적을 일으키게 했다고도 말했다. 파라오 메르넵타(Merneptah)는 "모든 신이 자기의 마법적인 보호"라고 말했다.[24] 투트모세 3세는 활을 쏘는

그림 11. 황소를 탄 아다드(Adad) 신. 아르슬란 타쉬에서 발굴됨, 파리 루브르 박물관 소장.

별 하나가 아시아의 몇몇 적들을 대항하여 전투에 영향을 주었다고 묘사했다. "별 하나가 그들의 남쪽으로 접근했다. 그런 일이 전에 일어난 적은 없었다. 그 별은 적들을 향해 똑바로 발사했다. 그들은 거꾸러져[…]아무도 일어설 수 없었다."[25] 부조들에 아슈르 신이 종종 왕을 도우러 나타나는데 그 신은 종종 왕과 같은 자세를 취한다.[26] 티글

---

23   RINAP 3/1, 182.
24   *RITA* 4.Merneptah 2:2.
25   "The Gebel Barkal Stela of Thutmose III," trans. James K. Hoffmeier (COS 2.2B:17).
26   *ANEP*, 180, no. 536 (BM 115706).

그림 12. 아슈르나시르팔 2세와 함께 적에게 활을 쏘는 아슈르. 영국 대영박물관 소장.

라트 필레세르 3세(Tiglath-pileser III)에 따르면 "나의 주 아슈르(신)의 광휘에 대한 두려움이 그를 압도했고 그는 사피아 성으로 와서 내 앞에 나아왔으며 내 발에 입을 맞추었다."[27] 에사르하돈(Esarhaddon)은 포위 공격 때 마르두크(Marduk) 신이 어떻게 자기를 구했는지를 설명했다. "캄캄한 밤에 그들은 내가 그의 왕성인 우푸메를 공략하기 위해 세운 경사로에 나프타를 뿌리고 그것에 불을 질렀다. 신들의 왕인 마르두크의 명령으로 신들의 주의 달콤한 바람이 북풍이 포효하는 불길을 우푸메 성으로 되돌렸다. (그 불이) 경사로를 태[우지] 못했고…그 성의 벽을 태워 그것을 재로 만들었다."[28]

---

27   RINAP 1, 120.
28   RINAP 4, 82-83.

전쟁의 수사

고대 근동 왕들의 텍스트들과 부조들은 왕들에게 영광을 돌리기 위해 쓰였거나 만들어졌기 때문에 그것들이 항상 실재를 반영한 것은 아니었음을 알게 되더라도 놀랄 일은 아니다. 그러나 확인하기는 어렵지만, 종종 왕들이 아무 근거 없이 불쑥 자기의 공적을 만들어내지는 않은 것으로 보인다. 대신 그들의 자화자찬하는 수사는 말하려는 사건들과 그 사건들을 어떻게 묘사할 것인지에 초점을 맞췄다. 기본적으로 왕들은 거의 보편적으로 자신의 패배를 무시했다. 아시리아 왕 센나케리브는 매우 이례적으로 자신의 군대가 바빌로니아에게 패했음을 인정했는데, 그가 이 패배를 기록해도 된다고 생각한 이유는 자신이 직접 전장에 나가지 않았고 그 패배에 신속하게 대응했기 때문이었다.[29] 군대들은 군사들의 인솔을 촉진할 장수들의 복잡한 지휘 구조를 채택했고 왕들이 승리를 얻기 위해 장수들에게 의존하는 정도가 컸지만, 왕들은 자기들의 연대기에서 패배에 대해 장수들을 비난하는 이런 경우를 제외하고는 대체로 장수들의 기여를 무시했다. 우라르투(Urartu)에게 패한 사실을 티글라트 필레세르 3세에게 전한 보고서 같은 서신들도 패배에 관해서는 그다지 솔직하게 서술하지 않는다.[30]

왕들은 또한 자신의 승리들에 관해 과장법을 채택하는 경향이 있

---

29   RINAP 3/1, 33.
30   SAA 19,71.

었고 텍스트들은 자주 전투에서 왕이 이룬 위업을 찬양했다. 예를 들어 아시리아 왕 사르곤 2세는 "내가 탄 전차와 말(마부들)만 나와 함께 갔다.…나는 사나운 화살같이 그(루사)를 습격하여 그에게 패배를 안기고 그의 공격을 물리쳤다"고 말했다.[31] 투쿨티 니누르타 1세 (Tukulti-Ninurta I)라는 또 다른 아시리아 왕은 "그 전투가 한창일 때 나는 카시트의 왕 카슈틸리아슈(Kaštiliašu)를 사로잡았고 내 발로 그의 목을 발판처럼 밟았다"라고 주장했다.[32] 이집트의 람세스 2세는 혼자 적을 공격했다고 말했다.

그때 내가 질주하기 시작했다. 나는 히타이트의 적진으로 돌진했는데 완전히 혼자였고 아무도 나와 함께하지 않았다. 나는 주위를 둘러보았다. 나는 전차 2,500대가 나를 에워싸고 있는 것을 보았다. 그중에는 적군인 히타이트의 모든 용사("달리는 자들") 및 그들과 함께한 많은 외국인이 있었다. 하지만 내게는 고위직 장수나 전차를 모는 전사나 방패를 든 군사가 없었다.[33]

비교할 데이터가 없어서 그런 진술이 어느 정도로 과장되었는지 판단

---

31   RINAP 2, 287.

32   RIMA 1, 245.

33   "The Battle of Qadesh—The Poem, or Literary Record," trans. K. A. Kitchen (COS 2.5A:34).

하기는 어렵다. 그러나 몇몇 분야에서 그것을 간접적으로 볼 수 있다. 첫째, 고고학과 역사는 왕들이 때로는 직접 전투에 참여했음을 보여준다. 이집트 제17왕조의 세케넨레 타오(Seqenenre-Tao)의 미라에 비추어 보면 그가 전투에서 도끼에 맞아 죽은 것처럼 보이며,[34] 아시리아 왕 사르곤 2세는 전사했다.[35] 그러나 다른 텍스트들(특히 서신들)은 전투에서 그들이 다른 역할을 했음을 보여준다. 람세스 자신이 위에 묘사된 전투 중에 자신의 방패를 든 군사와 나눈 대화를 묘사하면서 자기가 전투에 홀로 임했다고 묘사한 것은 과장임을 인정했다.[36] 마찬가지로 람세스 3세가 자기가 홀로 바다 사람들과 싸웠다고 주장했지만―비할 데 없는 힘을 지닌 그가 수백만 명을 홀로 무찔렀다[37]―그의 부조들에서 그는 자신의 군대가 자기 옆에서 싸우는 모습을 묘사했다.[38] 이집트의 왕자들은 그들의 부친들과 마찬가지로 강한 전사들이어야 한다고 기대되었지만 카데쉬의 전투를 묘사한 부조는 왕자들은 전투에서 빠져 있으라는 명령을 담고 있다. "파라오의 부채를 든 군사가 와서 왕자들에게 말했다.… '군영의 서쪽을 떠나[지 말고?] 전

---

34   Joyce M. Filer, "Ancient Egypt and Nubia as a Source of Information for Cranial Injuries," in *Material Harm: Archaeological Studies of War and Violence*, ed. John Carman (Glasgow: Cruithne, 1997), 65-66.

35   J.-J. Glassner, *Mesopotamian Chronicles*, ed. Benjamin R. Foster, SBLWAW 19 (Atlanta: Society of Biblical Literature, 2004), 174-75.

36   "The Battle of Qadesh―The Poem, or Literary Record," trans. K. A. Kitchen (COS 2.5A:36).

37   *RITA* 5.Ramses III 9:32-33.

38   *ANEP*, 114, no. 341.

투에서 빠져 있으라!'"[39] 아시리아의 에사르하돈에 보낸 편지는 그에게 개인적인 전투를 피하라고 권고했다. "나의 주 왕은 왕의 부친들이 하셨던 [것처럼] 전[투에서] 진군하지 마시고, 언덕에 머[물러] 왕의 [장수들이] 전[투를] [하게] 하소서]."[40]

둘째, 우군의 사상자 수는 대개 매우 과소평가되었다. 이집트 제6왕조 때 페피 나크트(Pepi-Nakht)는 페피 2세(Pepi II)가 자기를 보내 죽임당한 몇몇 이집트인을 모으게 했다고 기록했는데, 이는 이집트의 문헌에서 아군의 사상자를 언급한 극소수의 기록 중 하나다.[41] 사르곤 2세는 "신께 아뢰는 편지"에서 아시리아군의 사상자를 "전차병 1명, 기마병 두 명, **보병 세 명**이 전사했나이다"라고 기록했다.[42] 이 숫자들은 그 장르의 다른 예에서도 나타나기 때문에 문자적인 숫자가 아니라 표준화된 수사적 어구일 가능성이 크다.[43] 서신들은 전사한 군사들의 과부들에 대한 언급[44]과 적지에서 죽은 군사의 아들들의 요청[45]을 포함하여 아군 사상자들에 대한 좀 더 명확한 증거를 제공한다. 또 다른 편지는 아시리아의 군사 150명이 전투에서 승리했지만 그중 20명이 부상당했다고 보고한다. 그러나 이런 예들은 예외적이다. 전투에 관

---

39   *RITA* 2.Ramsses II 3C:19.
40   SAA 16.77.
41   *AEL* 1:163.
42   RINAP 2, 306-7. 강조는 원저자의 것임.
43   RINAP 4, 85과 RIMA 3, 244.
44   SAA 1.21.
45   SAA 16.105.

한 문헌의 대다수는 사상자를 깡그리 무시한다.[46]

셋째, 승리의 정도는 흔히 과대평가되었다. 이는 히타이트와 이집트 사이의 카데쉬 전투에서처럼 서로 승리를 주장하는 양측 모두의 기록이 남아 있는 사례에서 가장 명확하게 볼 수 있다. 훗날 평화 조약이 체결된 후 보내진 양측의 편지들에서도 서로 자기들이 승리했다고 주장했다.[47] 센네케리브가 할룰레에서 바빌로니아와 엘람의 연합군에 대해 거둔 승리는 또 다른 예다. 그는 자기가 그 전투에서 전장을 시신으로 채웠고, 많은 적장을 죽였으며, 엘람과 바빌로니아의 왕들을 도주하게 했다고 주장했다.[48] 그러나 바빌로니아 연대기는 아시리아인들이 철수했다고 기록한다.[49] 아시리아인들이 전술적 승리를 거뒀을지 몰라도 바빌로니아인들은 자기들의 군대를 대체로 온전하게 보존하고 아시리아로 하여금 바빌론 도성을 장기간 포위하게 만듦으로써 전략적 승리를 거뒀다.[50]

상대편의 텍스트가 알려지지 않은 전투에서도 왕들은 때때로 명백히 자신들의 승리를 과장했다. 성경 밖에서 이스라엘에 관해 말하

---

46   *ABL* 520/*SLA* 43.

47   Trevor Bryce, *Letters of the Great Kings of the Ancient Near East: The Royal Correspondence of the Late Bronze Age* (London: Routledge, 2003), 89-90.

48   RINAP 3/1, 182-84.

49   Glassner, *Mesopotamian Chronicles*, 198-99.

50   Sarah C. Melville, "Win, Lose, or Draw? Claiming Victory in Battle," in *Krieg und Frieden im Alten Vorderasien: 52e Rencontre Assyriologique Internationale International Congress of Assyriology and Near Eastern Archaeology Münster, 17.-21.* Juli 2006, ed. Hans Neumann et al., AOAT 401 (Münster: Ugarit-Verlag, 2014), 533-34.

는 최초의 언급은 메르넵타에 의한 이스라엘의 완전한 멸망에 대한 유명한 진술이다. "이스라엘은 황폐해졌다. 그 씨는 존재하지 않는다."[51] 마찬가지로 투트모세 3세는 자기가 적군을 괴멸시켰다고 주장했다. "미탄니의 많은 군사가 한 시간 만에 엎드러졌고 불에 태워진 것 같은 방식으로 존재하지 않았던 사람들처럼 전멸되었다."[52] "한 시간 만에"라는 어구가 과장일 뿐만 아니라 미탄니는 별로 약화되지 않은 것처럼 보이며, 투트모세 3세는 미탄니의 영토를 조금도 차지할 수 없었다.[53]

센나케리브는 바빌로니아가 아시리아의 통치에 대해 계속 반항하는 데 격노했다. "나는 (내)성과 외성, 신전들, 지구라트에서 존재하는 모든 벽돌과 흙을 제거해서 (그것을) 아라흐투강(Araḫtu river)에 버렸다.…앞으로 그 도시와 (그것의) 신전들의 터를 알아볼 수 없도록 나는 그것(바빌로니아)을 물에 녹였고 (그것을) 전멸시켰으며, (그것을) 풀밭과 같이 (만들었다)."[54] 그러나 바빌로니아가 확실히 고통을 받기는 했지만 짓밟혀 사라지지 않았고, 센나케리브의 아들인 에사르하돈에게 인정되었다.[55]

---

51   "The (Israel) Stela of Merneptah," trans. James K. Hoffmeier (COS 2.6:41).
52   "The Gebel Barkal Stela of Thutmose III," trans. James K. Hoffmeier (COS 2.2B:15).
53   미탄니의 역사에 관해서는 Amélie Kuhrt, *The Ancient Near East c. 3000-330 BC*, 2 vols., Routledge History of the Ancient World (London: Routledge, 1995), 1:289-96 을 보라.
54   RINAP 3/2, 316-17.
55   이 역사의 세부내용은 Kuhrt, *Ancient Near East*, 2:582-87을 보라.

요컨대 고대 근동의 왕들이 전쟁 이야기들을 꾸며내지는 않은 것으로 보이지만, 그들은 확실히 그 사건의 부정적인 측면들을 경시하고 자기와 자기의 신들을 찬미하는 측면들을 강조하는 수사학적 윤색을 통해 설명했으며, 그들이 이룬 승리의 정도에 관해 과장법을 사용했다.[56]

---

[56] 숫자, 속도, 심각성, 정도, 귀속 등 고대 근동에서의 다양한 과장에 관해 좀 더 자세한 내용은 William J. Webb and Gordon K. Oeste, *Bloody, Brutal, and Barbaric: Wrestling with Troubling War Texts* (Downers Grove, IL: IVP Academic, 2019), 136-50을 보라.

2장

THE DESTRUCTION OF THE CANAANITES

대량 학살

역사를 통틀어 본 대량 학살

오늘날 사람들 대다수의 마음속에서 가장 유명한 대량 학살은 독일의 유대인 대학살이다. 그때 아돌프 히틀러(Adolf Hitler)와 나치당은 다양한 방법으로 독일에 거주하던 유대인들을 억압했고 궁극적으로 유럽 전역에서 유대인 600만 명을 죽였다. 반유대주의는 가장 흔하게 기억되는 나치 억압의 측면이지만 그들은 동성애자, 러시아 전쟁 포로, 집시, 다양한 장애인 등 다른 많은 그룹의 사람들도 죽였다.

그러나 유대인 대학살이 유일한 대량 학살이었던 것은 아니다. 대량 학살은 널리 두 범주로 나뉠 수 있다.[1] 첫째, 식민지의 대량 학살에서 침략자들이 다른 곳에 가 그곳 사람들을 멸절시키고 흔히 그들의 땅을 빼앗았다. 그런 예로는 스페인의 신세계 정복과 1567-1598년 일본의 조선(현재의 대한민국) 침략, 1165-1603년 영국의 아일랜드 정복, 영국의 북아메리카와 호주 식민지화 등이 있다. 특히 중요한 식민지의 대량 학살은 1904년에 일어난 독일의 남서 아프리카 헤레로 부족 학살이었는데, 그것은 유대인 대학살 때의 독일의 관행에 대한 선례를 제공했다.[2] 북아메리카의 식민지화에서는 질병이 아메리카 원주민들의 주된 사망 원인이었다. 때로는 유럽인들에 의해 아메리카 원주민들 사이에 의도적으로 질병이 퍼트려졌기 때문에 그것은 전적

---

1   Ben Kiernan, *Blood and Soil: A World History of Genocide and Extermination from Sparta to Darfur* (New Haven: Yale University Press, 2009).
2   Kiernan, *Blood and Soil*, 374-90.

으로 우연에 의한 것은 아니었다. 다른 죽음들은 그들의 거주 지역의 파괴와 그들의 전통적인 고향으로부터의 추방에 기인했다. 그중 가장 유명한 사건은 미국 정부가 체로키족 등을 미국의 남동부에서 다른 곳으로 강제로 이주시킨 눈물의 길(Trail of Tears)이었는데, 그때 이주당한 원주민의 1/3이 이동 중에 죽었다. 마지막으로, 아메리카 원주민을 근절하다시피 한 학살이 드물지 않았다. 1864년에 일어난 샌드 크리크 학살은 특별히 잔인했던 것으로 유명한데 그때 대다수가 여성과 아동이었던 샤이엔족과 아라파호족 수백 명이 살해당하거나 수족을 절단당했다.[3]

　대량 학살의 두 번째 범주는 내부의 대량 학살이다. 이 범주의 대량 학살의 양상은 좀 더 강력한 그룹이 자기들의 내부에서 덜 강한 그룹을 대대적으로 죽이는 것이다. 이러한 학살의 유명한 예로는 제1차 세계대전 때 튀르키예가 약 100만 명의 아르메니아인들과 다른 그리스도인들─아시리아인들과 그리스인들─을 학살한 사례가 있다.[4] 이 학살은 오스만 제국의 쇠락과 관련된 절망 및 그 제국의 나머지 부분들에 사는 그리스도인들의 취약성에 의해 조장되었다. 아르메니아인들의 학살은 1894-1896년에 자행되었지만, 죽음의 대다수는 제1차 세계대전 때 공식적인 정부 문서들이 "아르메니아인들을 노상에서

3　　Kiernan, *Blood and Soil*, 213-48, 310-63; Adam Jones, *Genocide: A Comprehensive Introduction*, 3rd ed. (New York: Routledge, 2017), 153-63.
4　　아르메니아 학살을 조사한 연구는 Kiernan, *Blood and Soil*, 395-415을 보라.

근절하거나 동부에서 근절하기 위해" 그들을 동부로 강제이주시켰다고 했을 때 발생했다.[5] 이 외에도 그 계획은 군대에게 50세 아래의 모든 교사, 성직자, 남성을 "몰살"할 것과 여성과 아동을 이슬람으로 강제로 개종시킬 것을 요구했다.[6] 그들이 동부로 가는 도중에 많은 사람이 현지인들에게 납치당하거나 살해당했고, 심지어 그런 살해를 늘리고자 폭력범들이 석방되기도 했다. 튀르키예 주재 미국 대사 헨리 모건소 시니어(Henry Morgenthau Sr.)는 출발할 때는 18,000명이었던 아르메니아인의 한 그룹이 목적지에 도착했을 때는 겨우 150명만 남았다고 묘사한다. 튀르키예인들은 그 대량 학살을 반역자들에 대한 군사 작전이라고 부르면서, 자기들의 적들에게 동정적인 집단을 제거한 것이라며 정당화했다. 튀르키예는 오늘날까지 그 학살이 발생했음을 부인하고 있다. 히틀러가 폴란드인들(여성과 아동 포함)을 죽이라는 명령의 맥락에서 **"결국 오늘날 누가 아르메니아인들의 박멸에 대해 말하는가?"**라고 한 말은 유명하다.[7]

1994년에 르완다에서 후투족이 투치족을 도살한 사건은 내부의 대량 학살에 대한 또 다른 유명한 예다. 그때 100만 명이 죽었다.[8] 식민지를 개척한 유럽인들이 최초로 그곳에 왔을 때 후투족과 투치족은

---

5   Kiernan, *Blood and Soil*, 408.
6   Kiernan, *Blood and Soil*, 408.
7   Jones, *Genocide*, 200. 강조는 원저자의 것임.
8   Jones, *Genocide*, 473-87; Kiernan, *Blood and Soil*, 554-68.

사실은 다른 부족 집단이라기보다는 계급이 다른 사람들이었다. 부유한 투치족은 소를 보유한 반면 후투족은 농부들이었고 좀 더 가난한 경향이 있었다. 유럽인들은 현지의 거주자들을 분할하여 정복한다는 보편적인 식민 통치 기법의 일부로서 이 두 그룹 간의 경계를 공고하게 했다. 그 그룹을 차별화하기 위해 족보도 만들어졌다. 함의 후예인 후투족은 노예가 될 운명이었다(함에 대한 저주에 관해서는 이 책의 3장을 보라). 반면에 고대 이집트인들의 후예인 투치족은 선천적으로 지도자들이었다. 사망자 수는 유대인 대학살 때 죽은 600만 명보다 훨씬 적지만 르완다 학살은 100일 동안만 지속되었기 때문에 사망률은 훨씬 높았다. 더욱이 살해는 주로 손에 무기를 든 시민들에 의해 저질러졌고 교회처럼 안전하다고 여겨졌던 장소에서도 일어났다. 르완다 학살은 국제사회가 위협받는 집단을 보호하기 위해 좀 더 강력하고 신속하게 행동했어야 할 시기에 일어난 가장 명확한 학살 사례 중 하나로 남아 있다.

불행하게도 이런 종류의 대량 학살이 오늘날에도 약해지지 않고 계속된다. 제노사이드 워치(Genocide Watch) 같은 단체들은 전 세계에서 대량 학살이 일어날 수도 있는 곳에 관한 최신 정보를 제공한다.[9] 그러나 국가들이 그들 가운데서 대량 학살이 일어났음에 관해 정직하게 인정하는 사례는 매우 드물기 때문에 대량 학살의 정체와 정도는

---

9   www.genocidewatch.com.

사후에만 분명해지며, 그런 현실이 학살을 막기 위한 노력을 방해한다.

대량 학살의 정의

대량 학살의 정의가 직관적인 것처럼 보일 수도 있지만, 놀랍게도 그것은 논쟁이 되고 있다. 그 단어는 원래 1940년대에 라파엘 렘킨(Raphaël Lemkin)이라는 유대인 변호사에 의해 만들어졌다.[10] 그는 몇몇 다른 단어들을 거부한 뒤 그리스어 단어 **게노스**(*genos*, "민족")에 라틴어 단어 **카이도**(*caedo*, "자르다, 죽이다")라는 접미사를 결합하여 "genocide"라는 단어를 만들어냈다. 렘킨은 아르메니아인들의 살해로 그의 연구를 시작했지만 그의 작업이 진행됨에 따라 유대인 대학살에 관한 연구가 등장하기 시작했다. 렘킨의 작업의 절정은 1948년에 체결된 대량 학살의 방지와 처벌에 관한 UN 협약(UN Convention on the Prevention and Punishment of the Crime of Genocide)이었다. 현행 협약에서 대량 학살은 민족, 부족, 인종, 종교 집단을 전부 또는 부분적으로 멸망시킬 의도로 저질러진 다음과 같은 행동을 의미한다.

　(a) 그 집단의 구성원들을 살해하는 행위,

10　Raphaël Lemkin, *Axis Rule in Occupied Europe: Laws of Occupation, Analysis of Government, and Proposals for Redress* (Washington, DC: Carnegie Endowment for International Peace, 1944).

(b) 그 집단의 구성원들에게 심각한 신체적 또는 정신적 피해를 가하는 행위,

(c) 그 집단에게 그들의 전부 또는 일부를 물리적으로 멸망시키도록 계산된 상황을 고의적으로 부과하는 행위,

(d) 그 집단 내에서 출생을 방해할 의도의 조치를 부과하는 행위,

(e) 그 집단의 아동을 강제로 다른 집단으로 옮기는 행위.[11]

오늘날 대량 학살에 관한 연구는 이 정의의 중요성을 인식하고 있지만, 대다수는 그 정의에 일정 부분 동의하지 않는다. 대량 학살 연구의 표준적인 교과서인 애덤 존스(Adam Jones)의 『대량 학살: 포괄적 개론』(*Genocide: A Comprehensive Introduction*)은 스물다섯 가지 정의를 열거한다.[12] 이스라엘 차니(Israel Charny)는 대량 학살이 모종의 집단 정체성 때문에 살해하는 것으로 구성된다는 그 정의의 핵심 부분조차 논박한다. 그는 그 정의에서 집단이라는 기준을 완전히 제거하고 대량 학살을 "피해자들이 자신을 방어할 수 없고 무력한 상황에서 명백한 적군에 대한 군사 작전이 아닌 과정을 통해 상당히 많은 인간을 대규모로

---

11   전체 텍스트는 http://www.preventgenocide.org/law/convention/text.htm을 보라.
12   Jones, *Genocide*, 23-27. 대량 학살을 정의하는 것과 관련된 문제에 대한 논의는 David Moshman, "Conceptions of Genocide and Perceptions of History," in *The Historiography of Genocide*, ed. Dan Stone (Hampshire: Palgrave Macmillan, 2008), 71-92을 보라.

살해하는 것"이라고 정의한다.[13] 그러나 대량 학살을 연구하는 대다수 학자는 집단이라는 기준이 대량 학살을 정의하는 중요한 부분이라는 데 동의한다. 집단 기준이 중요하다는 동의에도 불구하고 학자들은 그 정의에 어느 집단이 포함되어야 하는가에 관해 논쟁을 벌인다. 『점령된 유럽에서의 추축국의 통치』(*Axis Rule in Occupied Europe*)에 수록된 대량 학살에 대한 렘킨의 원래 정의에서는 집단의 식별에 정당들이 포함되었다. 그러나 UN 협약의 정의에서는 정당에 소속되는 것은 다른 집단들에 소속되는 것보다 덜 영속적이라는 이유로 정당이 빠졌다. 스탈린이 많은 소작농을 죽인 데 대해 기소될 위험이 있어서 소련이 정당을 포함하는 것에 극구 반대했다고 자주 주장되었지만, 렘킨 자신이 UN 협약이 통과되게 하려고 이 기준을 제거했을 수도 있는 것처럼 보인다.[14] 오늘날 대량 학살을 연구하는 많은 학자는 대량 학살의 정의에 정당을 포함하는 것을 옹호한다.

제안된 많은 정의는 대략 좀 더 엄격한 정의와 좀 더 느슨한 정의의 연속선(spectrum)에 위치할 수 있으며, 정의의 목적과 부분적으로 관계가 있다.[15] 좀 더 제한적인 정의들은 대규모 살해에 초점을 맞추

---

13   Israel Charny, "Toward a Generic Definition of Genocide," in *Genocide: Conceptual and Historical Dimensions*, ed. George J. Andreopoulos (Philadelphia: University of Pennsylvania Press, 1994), 75.

14   Anton Weiss-Wendt, "When the End Justifies the Means: Raphaël Lemkin and the Shaping of a Popular Discourse on Genocide," *Genocide Studies and Prevention: An International Journal* 13.1 (2019): 173-88.

15   Jones, *Genocide*, 28-34.

며, 흔히 누군가를 대량 학살 혐의로 기소할 목적의 법률적인 맥락에서 사용된다. 제한을 덜 두는 정의들은 다양한 사건을 비교하기를 원하는 학자들에 의해 사용된다. 그들에게는 대규모 살해보다 좀 더 많은 사건이 포함되어야 좀 더 안전한 학문적 관찰을 위한 대규모 데이터베이스와 향후 대량 학살을 방지하기 위한 더 큰 통찰을 얻는 데 도움이 된다. 문화적 항목들의 파괴—예컨대 도서관 폭파—가 "문화적 대량 학살"로 불려야 하는지에 관한 논쟁은 그 연속선의 양쪽 극단 사이의 대조에 대한 한 가지 예다. 좀 더 제한적인 정의들은 그런 사건들을 대량 학살 논의에서 제외하는 경향이 있는 반면 좀 더 넓은 정의들은 그런 사건들을 포함할 것이다.

인종 청소는 대량 학살과 비슷하지만, 그것에 대해서는 대량 학살과 달리 국제적으로 인정된 정의가 없다. 인종 청소는 대개 지리와 관련이 있으며 특정한 지역에서 어느 집단을 제거하는 것을 가리킨다. 그러나 이런 강제 제거가 (아르메니아 대량 학살처럼) 많은 사람의 죽음과 어느 집단의 정체성 파괴로 이어질 경우 인종 청소는 대량 학살과 상관관계가 있게 된다.[16] 6장에 수록된 가나안 족속들에 관한 몇몇 논의에서 대량 학살과 인종 청소 사이의 이 구분이 중요해질 것이다.

---

16   Benjamin Lieberman, "'Ethnic Cleansing' versus Genocide?" in *The Oxford Handbook of Genocide Studies*, ed. Donald Bloxham and A. Dirk Moses (Oxford: Oxford University Press, 2010), 42–60.

고대 근동에서의 대량 학살

이 배경 지식을 갖춘 우리는 이제 고대 근동에서 대량 학살이 일어났는지의 문제를 다룰 수 있다. 대량 학살은 현대의 특징적인 현상이라고 주장하는 일련의 학자들을 따르는 것이 이 질문에 대답하는 간단한 한 가지 방법이다. 이는 논리적으로 고대의 사건들이 대량 학살로 묘사될 수 없음을 의미한다.[17]

그러나 논의 목적상 우리는 고대 근동에서 일어난 사건들이 대량 학살에 관한 UN 협약의 정의에 일치하는지 살펴볼 것이다.[18] 앞서 언급된 바와 같이 전쟁에서의 잔학 행위는 확실히 고대 근동 전쟁의 일부였는데, 이로 말미암아 그 사건들을 대량 학살이라고 부르는 학자들도 있다.[19] 그러나 놀랍게도 적의 진멸과 민간인 살해는 드물었다. 이는 표준적인 전쟁 관행이 아니었다. 구약성경 외에 알려진 소수의 사례에는 마리 문서(Mari letters)에 기록된 야일라눔 부족의 살해, 히타이트가 정복한 도시들을 폭풍 신에게 바친 사건, 메사 석비에 기록된 모압의 이스라엘인 살해, 아시리아 왕 아슈르나시르팔의 텔라 부족

---

17   이 견해의 예로는 다음 문헌들을 보라. Zygmunt Bauman, *Modernity and the Holocaust* (Ithaca, NY: Cornell University Press, 2000); Mark Levene, *Genocide in the Age of the Nation-State 1: The Meaning of Genocide* (London: Tauris, 2005).

18   이후의 내용은 Charlie Trimm, "Causes of Genocide," in *The Cultural History of Genocide*, vol. 1: *The Ancient World*, ed. Tristan Taylor (London: Bloomsbury, 2021), 31-49에서 좀 더 자세하게 다뤄진 내용을 간략하게 요약한 것이다.

19   Frank Chalk and Kurt Jonassohn, *The History and Sociology of Genocide: Analyses and Case Studies* (New Haven: Yale University Press, 1990), 61.

살해, 센나케리브 치하의 아시리아인들의 바빌론 성 파괴가 포함된다.[20]

히타이트가 빼앗은 도시들을 봉헌한 사건(사실 사람은 아무도 살해당하지 않았다)은 문화적 대량 학살을 포함하는 좀 더 넓은 정의에만 들어맞을 것이다. 그러나 다른 사건들―메사, 야일라눔 부족, 아슈르나시르팔, 센나케리브와 연결된 사건들―은 표준적인 정의에 따른 대량 학살로 여겨질 수 있다. 아시리아 제국의 사례에서 볼 수 있듯이 고대 때 집단들은 다르게 생각되었기 때문에, 이런 명백한 중첩에도 불구하고 그 사건들을 대량 학살과 동일시하는 데는 문제가 있다. 아시리아인들은 확실히 다른 집단에 속한 사람들을 죽였지만, 그들이 그 사람들이 다른 집단에 속했기 **때문에** 죽인 것으로 보이지는 않는다. 예를 들어 아시리아 왕들은 종종 피정복민들을 아시리아인으로 편입한 것에 대해 말했다. 티글라트 필레세르 3세는 비트-산기부티의 주민들을 강제로 이주시키고 "그들을 아시리아의 주민들로 간주했다."[21] 그렇다고 해서 아시리아인들이 다른 집단들의 정체성을 파괴하려고 한 것은 아니었다. 그들은 종교 행위로서의 아슈르 신 예배를 확산시키는 것이나 다른 신들에 대한 숭배를 근절하는 것에 별로 관심이 없었다. 아시리아 왕들은 아시리아 밖에 있던 다른 신들의 제의 중

---

20   이 사건들에 대한 자세한 내용은 "Causes of Genocide," 31-36을 보라.
21   RINAP 1, 70.

심지들을 수리했고, 이 신전들에서 아시리아의 신에게 드리는 것이 아닌 제의에 (대개 대리인을 통해) 아시리아 왕이 참여하는 것을 허용했으며, 이를 통해 이 외국인들의 집단 정체성을 계속 유지하는 것을 장려했다.[22] 팔레스타인 지역에 대한 아시리아의 영향에 관한 연구에서 안젤리카 베를레융(Angelika Berlejung)은 다음과 같이 결론짓는다. "우리가 가사와 에그론만 자세히 살펴봐도 체계적이고 고의적인 아시리아화나 서부를 아시리아 종교로 세뇌한 적이 없었음이 명백해진다. 서부에 아슈르의 무기가 전시되지 않았고, 토착민을 위한 아시리아의 신전들이 세워지지 않았으며, 의인화된 아시리아 신의 석상들이 전혀 입증되지 않는다."[23]

고대 근동의 다른 곳에서도 같은 태도가 발견된다. 히타이트인들은 북쪽의 카스투족을 미워했지만 결코 그들을 근절하기 위한 군사 원정을 단행하지 않았다. 이집트인들도 서쪽의 리비아인들과 남쪽의 누비아인들을 싫어했지만, 그들을 멸망시키려고 하지 않았다. 신적 전투 신화들에 등장하는 적들(티아마트[Tiamat] 아포피스[Apophis], 얌[Yam], 모트[Mot] 등)은 외국 땅의 신들이 아니었기 때문에 그런 신화로

---

22 Steven W. Holloway, *Aššur Is King! Aššur Is King! Religion in the Exercise of Power in the Neo-Assyrian Empire*, CHANE 10 (Leiden: Brill, 2002), 238-54, 261-68, 270-72.

23 Angelika Berlejung, "Shared Fates: Gaza and Ekron as Examples for the Assyrian Religious Policy in the West," in *Iconoclasm and Text Destruction in the Ancient Near East and Beyond*, ed. Natalie Naomi May, Oriental Institute Seminars 8 (Chicago: Oriental Institute, 2012), 167.

부터의 관찰사항도 이 점을 확인하는 데 도움을 준다.[24] 외국의 신들
은 복종하고 지원하는 동맹국 역할을 한다. 외국이 정복되었을 때 그
들의 신은 애초에 그 백성의 반역에 반대하는 것으로 여겨졌다. 요컨
대 고대 근동에서 아시리아인 등은 민족성이나 종교를 대량 학살을
통해 말살되어야 할 집단 정체성으로 보지 않았다.

반역은 고대 근동에서 일어난 대규모 학살 이야기들의 공통적인
특징 중 하나다. 권력을 쥔 집단은 반역을 자기들의 통제를 위협하는
혼돈으로 보았고 그것을 가급적 강경하게 진압하려고 했다(1장에 수
록된 전쟁의 원인으로서의 혼돈에 대항한 싸움을 보라). 하지만 그렇다고 해
서 아시리아인들이 그 집단을 완전히 진멸하려고 한 것은 아니었다.
칼리 크로치(Carly Crouch)의 말마따나 "전쟁의 주된 목표는 적 자체를
멸망시키는 것이 아니라 아시리아에 반대하는 적을 멸망시키는 것이
었다."[25] 그 집단이 제국에 복종하면 그들은 아시리아인으로서 환영받
았다. 이집트에서도 같은 접근법이 발견되는데, 이집트에서 가장 중
요한 동일성 표지는 파라오에 대한 태도였다. "아직 외부인과 내부인
사이를 구분할 법률적 토대가 없었다. 알레포(이집트 외부의 성읍)에 살

---

24   우가리트에서 괴물들로 인식되는 것이 아니라 신들로 인식되는 존재들에 대한 연
     구는 Mark S. Smith, "The Structure of Divinity at Ugarit and Israel: The Case of
     Anthropomorphic Deities versus Monstrous Divinities," in *Text, Artifact, and Image:
     Revealing Ancient Israelite Religion*, ed. Gary Beckman and Theodore J. Lewis, BJS 346
     (Providence, RI: Brown Judaic Studies, 2006), 38-63을 보라.
25   Carly L. Crouch, *War and Ethics in the Ancient Near East: Military Violence in Light of
     Cosmology and History*, BZAW 407 (Berlin: de Gruyter, 2009), 47.

든 아슈트(이집트 내부의 성읍)에 살든 간에 파라오를 인정하는 사람은 누구나 내부인이고 파라오를 인정하지 않는 사람은 누구나 외부인이다."[26]

현대의 관점에서 이와 가장 가까운 병행 사례는 위에서 논의된 정당 기준일 수도 있을 것이다. 정당 기준은 대량 학살에 관한 UN 협약에 포함되지 않았기 때문에 이것은 대량 학살을 정의할 때 가장 논란이 되는 측면 중 하나였다. 반역이 고대 근동에서 현대의 대량 학살에 필적하는 사건을 발견하기 위한 최선의 방법일 수도 있지만, 그 집단에 대한 적의는 그들이 반역 상태에 있는 동안에만 유지되었고 일단 그들이 패배하고 나면 적의가 사라졌기 때문에 그것은 기껏해야 느슨하게만 들어맞는다. 나는 그 주제에 대한 나의 좀 더 넓은 논의를 다음과 같은 주장으로 마무리한다.

현대의 문화와 고대 근동의 문화 사이에는 커다란 문화적 차이가 존재하기 때문에 고대 근동에서의 대규모 살해를 대량 학살 외의 관점에서 말하는 것이 최선일 것이다. 고대 근동에서 일어난 사건들을 무조건 대량 학살이라고 지칭하면, 종종 대량 학살과 관련된 현대의 문화적 개념들을

---

26 Jan Assmann, "Zum Konzept der Fremdheit im alten Ägypten," in *Die Begegnung mit dem Fremden: Wertungen und Wirkungen in Hochkulturen vom Altertum bis zur Gegenwart*, ed. M. Schuster, Colloquium Rauricum 4 (Stuttgart: Teubner, 1996), 86. 저자의 번역; 인용문은 원래 독일어로 쓰였음.

고대의 맥락에 들여오려는 유혹 때문에 연구자들이 그 사건들을 오해하게 될 수도 있을 것이다.…그렇다고 해서 우리가 고대 근동의 국가들이 "대량 학살"을 저지르지 않았기 때문에 그들에게 윤리적 자유 통행권을 주려고 하는 것은 아니다. 하지만 사건들을 대량 학살로 정의하는 데 신중을 기하면 고대 근동 연구와 대량 학살의 연구 모두에서 사건들을 명확히 분류하는 데 도움이 된다.[27]

그러나 이 진술이 전체 기간에 대해서는 맞는 말일 수도 있지만, 고대 근동에서 일어난 사건들 중 현대의 대량 학살의 정의와 가장 유사한 사건은 가나안 족속들의 멸망이다. 그러므로 우리는 이제 이 사건의 배경을 좀 더 자세하게 살펴볼 것이다.

---

27   Trimm, "Causes of Genocide," 48-49.

3장

THE DESTRUCTION OF THE CANAANITES

가나안 족속들

가나안 족속들의 기원과 역사

이 경계들이 정확하지는 않지만, 가나안 족속들은 서쪽으로는 지중해와 동쪽으로는 요르단 지구(Jordan Rift, 갈릴리 바다와 사해를 포함한다) 사이의 땅에서 살았던 사람들의 집단이었다. 남쪽 경계는 사막 지역이었고 북쪽 경계는 현대의 레바논의 많은 부분을 포함했을 가능성이 크다.[1] 그 땅이 가나안으로 알려지기 전에 이집트인들은 그것을 자주 "레테누"라고 부른 반면 메소포타미아인들은 유프라테스강 서쪽 지역 전부를 "아무루"라고 불렀다.[2] "가나안"이라는 이름은 기원전 15세기 경 이드리미(Idrimi)라는 왕의 석상에서 발견된 비명 등 기원전 제2천년기 중반 무렵의 텍스트들에서 비로소 발견되기 시작했다.[3] 가나안 북쪽의 지중해 해안에 있던 도시인 우가리트 사람들은 그 용어를 외국인 상인들을 묘사하는 데 사용해서 자기들을 그들과 구분했다. 따라서 우가리트의 자료를 가나안 족속들의 신앙과 관행의 원천으로 삼기에는 다소 문제가 있다.[4] 이집트의 텍스트에서는 "가나안 족속"이라는 용어가 아멘호테프 2세(기원전 1400년 경)의 비명에 최초로 등

---

1 Anson F. Rainey and R. Steven Notley, *The Sacred Bridge: Carta's Atlas of the Biblical World* (Jerusalem: Carta, 2006), 33-36.

2 Rainey and Notley, *Sacred Bridge*, 31-32.

3 Anson F. Rainey, "Who Is a Canaanite? A Review of the Textual Evidence," *BASOR* 304 (1996): 1-15. 마리(Mari) 텍스트는 가나안 족속을 기원전 18세기의 "도적들"과 관련하여 언급하지만, 그들이 지중해 근처의 가나안 족속과 동일시되어야 하는지는 명확하지 않다. Georges Dossin, "Une mention de Cananéens dans une lettre de Mari," *Syria* 50.3/4 (1973): 277-82을 보라.

4 Rainey, "Who Is a Canaanite?," 4-6.

지도2. 가나안

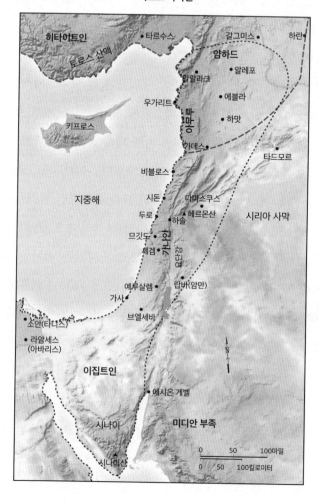

장하는데 그는 자기가 가나안 족속 640명을 사로잡았다고 기록했다.[5]

---

5   The Memphis and Karnak Stelae of Amenhotep II," trans. James K. Hoffmeier (*COS*

그 단어는 약 1세기 뒤에 위에서 언급된 이스라엘의 멸망을 언급한 것과 동일한 텍스트인 메르넵타의 비명에 "가나안이 약탈된다"라는 표현으로 등장한다.[6]

기원전 제3 천년기에 가나안은 무역을 통해 이집트와 연결되었으며, 때때로 좀 더 강력한 남쪽 이웃에게 침략당했다. 기원전 제2 천년기 초에 가나안은 강력한 도시 국가에 의해 통치된 것으로 보이지만, 이집트의 영향을 점점 더 많이 받게 되었다. 이집트 제2 중간기(기원전 1650-1560년) 동안 일시적으로 이집트를 통치했던 힉소스인들이 가나안 출신이었을지도 모른다. 하지만 신왕국의 왕들, 특히 투트모세 3세(기원전 1479-25년)의 부상(浮上)으로 가나안은 점차 이집트의 직접적인 통제를 받게 되었다. 그러다가 기원전 1200년 이후 이집트가 약해지면서 가나안 땅은 이집트로부터 좀 더 높은 수준의 독립을 회복했다. 그러나 이 무렵에는 이스라엘 족속, 모압 족속, 암몬 족속 같은 다른 집단의 힘이 강해졌고 궁극적으로 가나안 족속들은 사라졌다.

텍스트가 없기 때문에 우리는 구약성경 밖에 나타난 가나안 문화에 대한 힌트를 볼 수 있을 뿐이다. 우가리트에서 나온 자료가 종종 가나안 문화에 대한 주요 자료로 이용되지만, 위에서 언급된 바와 같이

2.3:21).

6   "The (Israel) Stela of Merneptah," trans. James K. Hoffmeier (COS 2.6:41).

우가리트는 가나안을 외국으로 보았다는 점이 기억될 필요가 있다. 그러므로 우리가 이 자료를 이용할 때는 주의해야 한다.[7]

기원전 1350년 경에 가나안 족속들의 왕들이 파라오 아크나톤 (Akhenaten)에게 보낸 편지들인 아마르나 문서(Amarna letters)는 파라오 의 도움을 청한 엘리트 가나안 족속들의 군사적 패배(및 심지어 암살 시 도)에 대한 압도적인 관심을 보여준다. 이 서한들에 묘사된 정치적 전 경은 작은 여러 도시 국가들이 서로 힘과 영향력을 얻고자 경쟁하는 상황이었다.

구약성경에 따르면 가나안 족속들은 함의 아들이자 노아의 손자 인 가나안의 후손이었다(창 10:6). 그러나 노아와 포도원과 노아의 아 들 함의 지저분한 이야기에서 함이 한 역할 때문에 가나안이 이 족보 에 등장하기도 전에 그가 강조된다(창 9:20-27). 이 이야기는 다양한 이유로, 특히 함이 무슨 일을 했기에 노아의 저주를 받았는지를 알아 내기가 어렵기 때문에 모호하다. 전통적인 해석은 함의 죄가 관음증 이었다—그는 단순히 자기 아버지가 벌거벗은 것을 보았다—고 생 각했지만 최근의 많은 해석자는 노아가 "그의 막내아들이 자기에게 행한 일을 알고"(창 9:24, 개역개정을 사용하지 아니함)라는 언급을 토대 로 함의 죄가 좀 더 심각한 것이었다고 본다. 더욱이 어떤 사람의 "벌

---

7   우가리트에서 나온 자료에 대한 요약은 Mark S. Smith, "Ugarit and the Ugaritians," in *The World around the Old Testament*, ed. Bill T. Arnold and Brent A. Strawn (Grand Rapids: Baker, 2016), 139-67을 보라.

거벗은 것을 드러내다"(개역개정에서는 "하체를 보고"로 번역되었음)라는 표현은 자주 성교를 함의했다. 가장 현저한 고려사항으로서, 그 비행들이 이집트와 가나안 민족들의 비행이라고 묘사되는 레위기 18장의 성 윤리에 관한 장에서 자주 이 어구가 자주 반복된다. 이집트 역시 함의 후손이며 이집트 민족은 때때로 함이라고 언급된다(시 78:51; 105:23). 이런 힌트들에 기초해서 이제 많은 학자가 그 이야기를 노아나 노아의 아내에 대한 성폭행으로 이해한다.

그러나 이 해석도 여전히 노아가 왜 함이 아니라 가나안을 저주하는지를 설명하지 못한다(창 9:25). 몇 가지 가능한 근거로는 함이 이미 복을 받았기 때문에(창 9:1) 함을 저주할 수 없다거나 함이 자기 아버지와의 관계를 깨뜨렸기 때문에 그것에 상응하여 함과 가나안의 부자 관계를 깨뜨린 것이라는 설명이 포함된다. 몇몇 비평학자는 그 이야기 전체를 이스라엘이 가나안 족속들을 압제한 것을 정당화하기 위해 후대에 꾸며낸 것으로 본다. 한층 더 충격적인 가능성은 위에 인용된 "그의 막내 아들이 자기에게 행한 일"이라는 언급에 근거한다. 함은 언제나 노아의 둘째 아들로 언급되고 막내아들로 언급되지 않는다"(창 5:32; 6:10; 7:13; 9:18; 10:1; 대상 1:4). 그러나 가나안은 함의 막내아들로 열거되는데(창 10:6; 대상 1:8), 아마도 이 점은 가나안이 실제로 성폭행을 저지른 인물이었기 때문에 그가 저주를 받는다는 것을 암시할 것이다. 혹자가 이 해석을 따르든 전통적인 이해를 따르든 간에 구약성경에서 가나안은 처음부터 낮게 평가된다.

이 소개 뒤에 가나안 족속들은 두 가지 방식으로 열거된다. 첫 번째는 가나안의 후손 관점에서 표현된다. "가나안은 장자 시돈과 헷을 낳고, 또 여부스 족속과 아모리 족속과 기르가스 족속과 히위 족속과 알가 족속과 신 족속과 아르왓 족속과 스말 족속과 하맛 족속을 낳았더니, 이후로 가나안 자손의 족속이 흩어져 나아갔더라"(창 10:15-18). 좀 더 보편적으로는 가나안 족속이 가나안 땅에 거주하는 다른 집단들과 일괄하여 다뤄진다. "그날에 여호와께서 아브람과 더불어 언약을 세워 이르시되 '내가 이 땅을 애굽 강에서부터 그 큰 강 유브라데까지 네 자손에게 주노니, 곧 겐 족속과 그니스 족속과 갓몬 족속과 헷 족속과 브리스 족속과 르바 족속과 아모리 족속과 가나안 족속과 기르가스 족속과 여부스 족속의 땅이니라' 하셨더라"(창 15:18-21).

가나안 족속과 이 다른 집단들 사이의 관계는 명확하지 않다. 몇몇 경우에는 가나안 족속이 많은 집단 중 하나의 집단인 것으로 보인다. "아말렉인은 남방 땅에 거주하고 헷인과 여부스인과 아모리인은 산지에 거주하고 가나안 족속은 해변과 요단 가에 거주하더이다"(민 13:29). 이와 유사하게 신명기 1:7은 아모리 족속을 산지와 연결하고 가나안 족속을 바다 근처의 땅과 연결한다.[8] 하지만 다른 경우에는

---

8   성경에 등장하는 아모리 족속과 메소포타미아의 아모리 족속 사이의 관계는 불분명하다. 이에 관한 논의는 Daniel E. Fleming, "The Amorites," in *The World around the Old Testament*, ed. Bill T. Arnold and Brent A. Strawn (Grand Rapids: Baker Academic, 2016), 1-30을 보라.

특히 그 지역에 사는 모든 집단이 가나안의 후손이라고 열거되고(창 10:15-18) "가나안 땅"이라는 어구가 계속 사용되는 점에 비추어 볼 때 "가나안 족속"이라는 용어가 그 집단들을 언급하는 것처럼 보인다. 에서의 아내들이 일괄적으로 가나안 족속으로 불린 뒤 이어서 한 명은 헷 족속으로 묘사되고 다른 한 명은 히위 족속으로 묘사되기 때문에 그녀들에 대한 언급은 이 점을 잘 보여준다(창 36:2).

전투들이 주로 산지와 갈릴리에 집중되었기 때문에 여호수아서와 사사기 모두 이스라엘이 가나안 땅의 일부만 정복할 수 있었음을 명확히 밝힌다. 가나안 땅의 대부분, 특히 해변과 이스르엘 계곡을 따라 이어지는 국제적 대로(highway)는 가나안 족속의 수중에 있었다(수 15:63; 16:10; 17:12-13; 19:47; 삿 1장). 사사기는 때때로 하솔에서 통치하는 가나안 왕 야빈에 대항한 전투(삿 4장) 같은, 현지의 가나안 부족과의 사이에 발생한 갈등을 기록한다. 이 지역들은 다윗과 솔로몬의 통치 때에야 비로소 이스라엘의 완전한 통제 아래 놓였다(왕상 9:16-21). 기원전 제1 천년기 초에 "가나안 족속"이라는 용어는 사용되지 않게 되었고, 가나안의 현재 거주자들을 가리키는 말이 아니라 역사적인 용어가 되었다.[9] 신약성경 시대에는 누군가를 이런 식으로 부르

---

9   Katell Berthelot, "Where May Canaanites Be Found? Canaanites, Phoenicians, and Others in Jewish Texts from the Hellenistic and Roman Periods," in *The Gift of the Land and the Fate of the Canaanites in Jewish Thought*, ed. Katell Berthelot, Joseph E. David, and Marc Hirshman (Oxford: Oxford University Press, 2014), 253-74.

지도 3. 가나안 정복

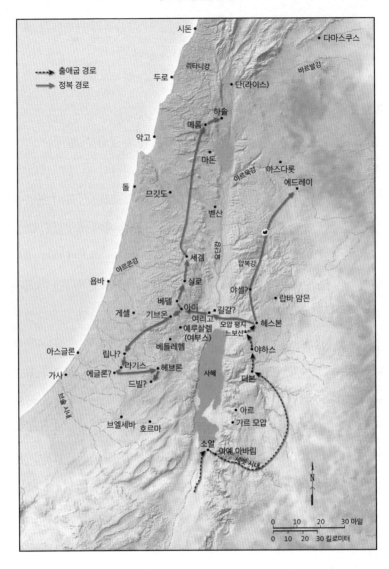

시돈 •

• 다마스쿠스

리타니강

두로 •

바르밧강

• 단 (라이스)

하솔 •
메롬 •

악고 •

마돈 •

야르묵강

야스다롯 •

• 에드레이

돌 •

므깃도 •

벤산 •

요단강

세겜 •

아르콘강

실로 •

욥바 •

얍복강

베델 •

아이 •

길갈?

야셀? •

• 랍바 암몬

게셀 •

기브온 •

여리고 •

예루살렘
(여부스) •

모압 평지
느보산 •

• 헤스본

아스글론 •

립나? •

베들레헴 •

• 야하스

가사 •

에글론? •

라기스 •

헤브론 •

사해

• 디본

드빌? •

• 아르
• 가르 모압

브엘세바 •

호르마 •

소알 •
이예 아바림

세렛 시내

출애굽 경로
정복 경로

0   10   20   30 마일

0   10   20   30 킬로미터

N

는 것이 부자연스러웠기 때문에 마태복음 15:22에서 "가나안 족속"
이라는 용어가 사용된 것은 독자로 하여금 구약성경의 관점에서 생각
하도록 만들기 위해 고안되었을 가능성이 크다.

가나안 족속에 대해 명령된 처우

창세기는 가나안 족속에 대해 뒤섞인 관점을 제공한다. 한편으로 이
스라엘 백성의 조상들은 가나안 족속들과 긍정적인 관계를 맺었다.
아브라함의 주된 동기는 롯을 구하는 것이었지만 그는 동쪽의 왕들에
게 잡혀갔던 아모리 족속들도 구하고 동쪽의 왕들에게 빼앗겼던 그들
의 소유물도 되찾아준다(창 14장). 훗날 그는 가나안 족속에게서 매우
비싼 것으로 보이는 가격에 밭을 산다(창 23장). 유다는 가나안 여인과
결혼하고(창 38:2), 요셉은 이집트인들뿐만 아니라 가나안 족속들까지
기근에서 구한다(창 47:13-22). 다른 한편으로 창세기는 족장들과 가
나안 부족 사이의 긴장도 보여준다. 야웨는 아브라함에게 그의 후손
들이 "네 자손은 사대 만에 이 땅[가나안]으로 돌아오리니 이는 아모
리 족속의 죄악이 아직 가득 차지 아니함이니라"라고 말씀하신다(창
15:16). 이삭은 야곱이 가나안 사람과 결혼하는 것을 허락하기를 거부
했고(창 27:46-28:9), 야곱의 아들들은 가나안의 성읍인 세겜에 사는
사람들을 죽였다(창 34장).

이스라엘 백성이 가족으로서가 아니라 큰 민족으로서 가나안 땅
에 거주할 가능성은 출애굽기 초반부의 장들에서 최초로 나타난다

(3:8, 17; 6:4; 13:5, 11). 그러나 그 시점에서는 이스라엘 백성이 가나안 족속들과 관련하여 어떻게 해야 하는지에 대해 어떤 언급도 없다. 야웨가 홍해에서 이스라엘 백성을 이집트인들로부터 구원하셨을 때 모세와 이스라엘 백성이 야웨께 불렀던 바다의 노래는 가나안 주민이 이스라엘 백성을 두려워하여 간담이 서늘해졌다고 언급한다(출 15:15). 그러나 가나안 족속들과의 상호 작용에 대한 최초의 광범위한 지시들은 언약 조항에 등장한다(출 23:23-30). 여기서 야웨가 자신의 천사와 (1장에서 언급된 광휘에 대한 두려움과 유사한) 자신의 두려움이 이스라엘보다 미리 갈 것이고, 자신이 가나안 족속들을 사라지게 하실 것이고, "왕벌"이 가나안 족속들을 쫓아낼 것이라고 약속하신다(이 어구들에 대한 좀 더 자세한 내용은 표 1을 보라). 그러나 이 추방은 점진적으로 이루어질 터였다. 이스라엘 백성의 책임은 가나안 종교의 성물들을 파괴하고, 가나안 족속들과 어떤 언약도 맺지 않고, 그들을 쫓아내는 것이다.

레위기 18:24-30에서 가나안 족속들을 쫓아내시겠다는 야웨의 약속은 출애굽기의 텍스트와 유사하지만, 여기서는 다른 단어가 사용된다(표 1을 보라). 그리고 레위기 구절은 그 땅 자체가 그 땅 주민들의 죄 때문에 그들을 토해낼 것이라고 주장한다. 이스라엘 백성의 유일한 책임은 야웨를 따르는 것이다. 그다음 텍스트인 민수기 33:50-56은 이스라엘 백성의 책임에 좀 더 초점을 맞추고 야웨는 약속을 많이 하시지 않는다. 대신 이스라엘 백성이 이전의 텍스트들에 제시된 개념을 따라 가나안 족속들을 쫓아내야 하지만 또 다른 단어가 사용된다(표 1을 보라). 그들은 가나안 종교의 성물들을 파괴하고 그 땅을 차지해야 한다.

가나안 족속들에 관한 마지막 텍스트들은 신명기에 등장한다. 신명기 6:18-19에 기록된 명령들은 우리가 이전의 구절들에서 본 것과 유사하다. 즉 야웨는 그 땅을 이스라엘에게 주시겠다고 약속하시고 이스라엘에게 가나안 족속들을 쫓아내라고 지시하신다. 그러나 신명기 7:1-5은 새로운 어조를 포함한다. 야웨가 가나안 족속들을 몰아내시고(추방에 관한 이전의 아이디어들과 비슷하지만 다른 단어가 사용된다) 그들을 이스라엘에게 주시겠다는 약속을 반복하시지만, 이스라엘에게 주어진 주된 지시는 가나안 족속을 헤렘(*herem*)에 처하는(개역성경에서는 진멸로 번역되었음) 것이다.[10] **헤렘**(*herem*)이라는 단어는 구약성경 밖에서는 좀처럼 등장하지 않는다. 그 단어는 기원전 700년 경에 작성된 남부 아라비아의 텍스트에 나타나는데 광범위한 파괴, 많은 사람을 죽임, 정착에 활용된 도시, 제의 설비 조성 등 여호수아서와의 많은 병행을 포함한다.[11] 그러나 가장 가까운 병행은 기원전 850년 경에 모

---

10   이 용어에 관한 이차 문헌은 다음을 보라. Philip D. Stern, *The Biblical Herem: A Window on Israel's Religious Experience*, BJS 211 (Atlanta: Scholars Press, 1991); Susan Niditch, *War in the Hebrew Bible: A Study in the Ethics of Violence* (New York: Oxford University Press, 1993), 28-77; K. Lawson Younger Jr., "Some Recent Discussion on the Herem," in *Far from Minimal: Celebrating the Work and Influence of Philip R. Davies*, ed. Duncan Burns and J. W. Rogerson (New York: T&T Clark, 2012), 505-22; Charlie Trimm, "Recent Research on Warfare in the Old Testament," *CBR* 10 (2012): 9-10.

11   Lauren A. S. Monroe, "Israelite, Moabite and Sabaean War-Herem Traditions and the

압어(히브리어와 매우 유사하다)로 쓰인 텍스트에 등장한다. 구약성경(왕하 3:4)에 언급된 모압 왕 메사가 자신이 느보에서 "내가 그들을 아스달-그모스에게 바쳤기[**헤렘**에 처했기] 때문에 남자와 소년들과 여자와 소녀들과 처녀들 70만 명에 달하는 그들[이스라엘 사람들]을 모두 죽였다"라고 선언했다.[12]

　　구약성경에서 이 단어는 다양한 방식으로 사용된다.[13] 첫째, **헤렘**은 이스라엘의 우상숭배자들에 대한 처벌이었다. "여호와 외에 다른 신에게 제사를 드리는 자는 멸할지니라"(출 22:20). 이 구절은 그 단어의 구체적인 특성을 이해하기 위한 맥락을 제공하지 않지만, 이스라엘의 우상숭배자들에게 **헤렘**을 적용하는 다른 언급에서는 그 단어가 그들을 모두 죽이고 그 성읍을 불사르는 것과 연계하여 사용되기 때문에 그것이 무엇을 뜻하는지가 좀 더 명확하다(신 13:12-16). 그 성읍을 불사르는 것이 "전부를 불살라 야웨께 드리는 것"(whole burnt offering)으로 불리기 때문에, 이 구절은 **헤렘**과 제사 사이에 명시적인 연결이 이뤄지는 드문 사례 중 하나다. 둘째, **헤렘**이라는 단어는 제사장들에게 주어진 선물들을 가리킨다. 한 구절은 단순히 제사장들에게 "이스라엘 중에서 특별히 드린 모든 것[**헤렘**]은 네 것이 되리라"라고

　　　　Forging of National Identity: Reconsidering the Sabaean Text RES 3945 in Light of Biblical and Moabite Evidence," *VT* 57 (2007): 335.

12　　Shmuel Ahituv, *Echoes from the Past: Hebrew and Cognate Inscriptions from the Biblical Period* (Jerusalem: Carta, 2008), 394.

13　　그 단어는 명사(**헤렘**)나 사역동사(어떤 것을 **헤렘**에 처하다)로 가장 자주 등장한다.

말한다(민 18:14). 레위기 27:21-29에서 좀 더 상세한 내용이 제공되는데, 거기서 땅과 다른 종류의 재산이 제사장들에게 드려진 선물(혜렘)로 주어질 수 있고, 그러면 제사장들은 그것을 사용할 수 있었다.

셋째, 혜렘은 가나안 족속과 싸운 군사적 맥락에서 가장 흔하게 등장하는데, 가나안의 성읍인 아랏과의 전투에서 맨 먼저 나온다(민 21:1-3). 그다음에 혜렘을 언급하는 텍스트는 신명기에 기록된, 이스라엘 백성이 요단강 동쪽에 소재한 아모리 족속의 왕들인 시혼과 옥을 물리친 기록이다(민수기에 기록된 병행 기사들은 이 단어를 사용하지 않는다). 이 기록들에서는 그 단어가 "우리가 생존자를 한 명도 남기지 않았다"라는 어구와 함께 사용되기 때문에(신 2:34) 그 기록들은 좀 더 많은 배경을 제공한다. 또한 혜렘에 처해진 남녀와 유아들의 운명이 전리품으로 취해진 가축 및 노략물과 대조된다(신 3:6-7). 하지만 살해에 관한 이런 어구들이 반드시 혜렘을 정의하는 것은 아니고, 그것에서 유래하는 독특한 개념을 나타낼 수도 있다.

혜렘의 배경은 다양하게 설명되어왔다. 혜렘이 이스라엘 밖에서도 나타나기 때문에 그것이 이스라엘 사람들이 창안해 낸 것으로 보이지는 않는다. 필립 스턴(Philip Stern)은 혜렘이 혼돈에 직면하여 질서를 가져오는 방법으로 여겨졌다고 주장한다.[14] 트레이시 레모스(Tracy Lemos)는 메사에 의한 대규모 살해(및 아마도 이스라엘의 몇몇 대량 학살

---

14   Stern, *Biblical Herem*, 217-26.

관련 언어)는 땅과 자원의 부족 때문이었다고 주장했다.[15] 메사 석비와 남부 아라비아 텍스트에 그 단어가 사용된 것을 근거로, 로렌 먼로 (Lauren Monroe)는 제국들과 유아 상태의 소국들 사이의 대조를 보여줌으로써 **헤렘**을 초기 국가 형성의 일부로 보아야 한다고 주장한다. 제국들은 포로들을 효과적으로 수용할 수 있을 만큼 충분히 크기 때문에 민족들을 근절하지 않은 반면 소국들은 다른 민족들의 땅을 자기들이 이용하기 위해 그들을 근절했다는 것이다.[16]

이스라엘 백성이 가나안 족속들을 **헤렘**에 처하라는 명령을 처음 받았을 때(신 7:1-5; 20:16-17), 그 텍스트는 즉시 가나안 족속들과 언약을 맺거나 그들에게 자비를 보이거나 그들과 통혼하지 말라는 명령을 포함함으로써 문제를 혼란스럽게 만든다(신 7:2-3). 이 불일치는 **헤렘**의 윤리에 관한 논의에서 중요한 역할을 하는데, 몇몇 학자는 **헤렘**이 반드시 실제 살해를 요구하지는 않는 비유적 비난이라고 주장한다. **헤렘**이 여호수아서와 신명기 20장에 기록된 성읍들에만 사용되었다는 데 토대를 둔 또 다른 가능성은 **헤렘**이 성읍에 거주하는 가나

---

15   T. M. Lemos, "Dispossessing Nations: Population Growth, Scarcity, and Genocide in Ancient Israel and Twentieth-Century Rwanda," in *Ritual Violence in the Hebrew Bible: New Perspectives*, ed. Saul M. Olyan (Oxford: Oxford University Press, 2015), 27-66. 그러나 최근의 한 연구는 이런 요인들이 최근의 역사에서는 대량 학살 사례에 영향을 주지 않았다고 주장한다(Hollie Nyseth Brehm, "Re-Examining Risk Factors of Genocide," *Journal of Genocide Research* 19 [2017]: 61-87).

16   Lauren A. S. Monroe, *Josiah's Reform and the Dynamics of Defilement: Israelite Rites of Violence and the Making of a Biblical Text* (Oxford: Oxford University Press, 2011), 45-56.

안 족속들에게만 적용되었다는 것이다. 그 경우 통혼 금지는 시골 지역에 사는 가나안 족속에게 여전히 적실성이 있다.[17]

우리가 여호수아서를 살펴보면 이스라엘 백성의 실제 행동들은 죽이는 것과 추방으로 나뉜다. 주된 초점은 죽음과 파괴인데, 여리고는 한 도시가 칼날로 **헤렘**에 처해지는 반면 라합과 그녀의 가족은 살려두는 주요 예다(수 6:17, 21). 또한 아이와 다른 많은 성읍이 **헤렘**에 처해지며(수 8:26; 10:28-40) "칼날로 쳐서"와 "한 사람도 남기지 아니하였다" 같은 어구들이 **헤렘**과 연결된다(수 10:28). **헤렘**의 처벌은 **헤렘**으로 선언된 여리고에서 전리품을 취한 까닭에 죽임을 당하는 아스라엘 사람 아간에게도 적용된다. 이는 훗날 이스라엘 백성이 그들이 가나안 족속처럼 행동할 경우 야웨가 가나안 족속들을 심판하셨듯이 이스라엘 백성도 심판하실 것이라는 선례를 세운다(수 22:20).

그러나 몇몇 곳에서는 이스라엘 백성이 가나안 족속들을 쫓아내라는 지시를 받는다. 갈렙은 아낙 자손들을 쫓아냈으며(yarash, 수 15:14; 삿 1:20) 야웨 역시 가나안 족속들을 쫓아내셨고(giresh, 수 24:18; 삿 6:9) 그들을 몰아내셨다(yarash, 삿 11:23; 왕상 14:24)고 언급된다. 그 후에 쓰인 한 텍스트는 가나안 사람을 추방하신 야웨의 행동을 이스

---

17   Markus Zehnder, "The Annihilation of the Canaanites: Reassessing the Brutality of the Biblical Witnesses," in *Encountering Violence in the Bible*, ed. Markus Zehnder and Hallvard Hagelia, The Bible in the Modern World 55 (Sheffield: Sheffield Phoenix, 2013), 273.

라엘에 대한 야웨의 심판을 가리키는 데 사용된 보편적인 어구를 통해 묘사함으로써 이스라엘과 가나안 사이의 병행을 강조한다(왕하 17:11). 우리가 6장에서 살펴보는 바와 같이 이 추방은 **헤렘**의 윤리에 대한 몇몇 방어에서 중요한 역할을 한다.

마지막으로, 몇몇 학자는 가나안 족속들과 창세기 6:4의 네피림 사이에 연결 관계가 있다고 생각한다. 네피림은 다른 곳에서는 자기들이 가나안 땅에서 네피림을 보았다는 정탐꾼들의 보고에서만 언급되지만(민 13:33), 정탐꾼들은 이 네피림을 몇몇 곳에서 가나안 땅에 살고 있다고 언급된 아낙 자손이라고 적시한다(민 13:22; 신 9:2; 수 11:21-22; 14:12). 이 연결 관계에 기초해서 마이클 헤이저(Michael Heiser)는 가나안 족속이 진멸당한 이유는 "네피림의 후손을 근절하는 것이었다"고 주장한다.[18] 그러나 구약성경은 이것을 가나안 족속의 멸망의 원인으로 진술하지 않으며 네피림이 아닌 가나안 족속의 살해는 도덕적 문제로 남는다.

---

18   Michael S. Heiser, *The Unseen Realm: Recovering the Supernatural Worldview of the Bible* (Bellingham, WA: Lexham, 2015), 210-11.

표 1

	출애굽기 23:23-30	레위기 18:24-30	민수기 33:50-56	신명기 6:18-19	신명기 7:1-5
야훼	이스라엘보다 미리 가는 천사와 두려움 / 가나안 족속이 사라지게 하심 / 가나안 족속을 혼란에 빠뜨리심 / 왕벌이 가나안 족속을 쫓아냄(giresh)	가나안 족속들을 쫓아내심(shileh)	그 땅을 이스라엘에게 주심	그 땅을 이스라엘에게 주심	가나안 족속들을 일소하심(nashal) / 가나안 족속들을 이스라엘에게 주심
이스라엘	가나안의 종교 물품들을 파괴함 / 가나안 족속들과 언약을 맺지 아니함 / 가나안 족속들을 쫓아냄(giresh)	가나안 족속들처럼 행동하지 아니함	가나안 족속들을 몰아냄(yarash) / 가나안 종교의 성물들을 파괴함 / 그 땅을 차지함(yarash)	그 땅을 차지함 / 가나안 족속들을 밀어냄(hadaf)	가나안 족속들을 침 / 가나안 족속들을 헤렘에 처함(haherim) / 가나안 족속들과 언약을 맺지 아니함 / 가나안 족속들과 통혼하지 아니함 / 가나안 종교의 성물들을 파괴함
땅		가나안 족속들을 토해 냄			

2부

야웨와 가나안 족속들의 멸망

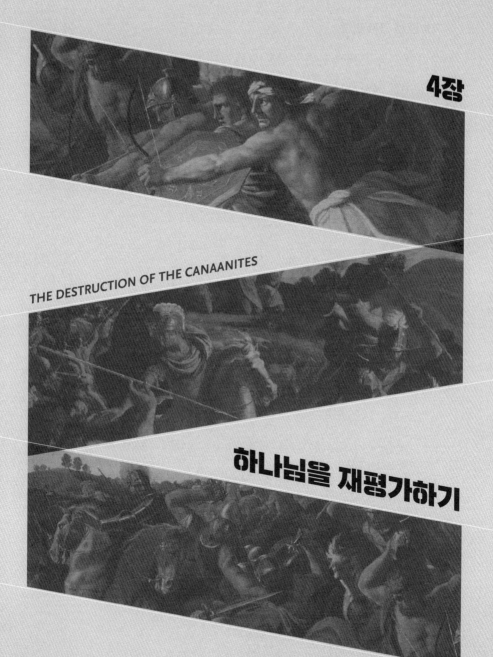

4장

THE DESTRUCTION OF THE CANAANITES

하나님을 재평가하기

가능한 네 가지 관점

가나안 족속 문제에 관한 논의를 위한 토대를 닦았으니 우리는 이제 그 문제를 어떻게 다뤄야 할지에 관한 다양한 제안을 살펴볼 수 있다. 조직화를 위해 비교하고 대조하는 데 도움이 되도록 제안들을 범주화 하면 좋을 것이다. 학자들은 저마다 그 문제를 다르게 이해한다는 것을 우리가 기억해야 하지만 말이다.[1] 나는 그 제안들을 다음과 같은 네 가지 명제에 따라 정리할 것이다.[2]

1. 하나님은 선하시고 자비로우시다.
2. 구약성경은 하나님이 인간을 다루시는 것에 대한 충실한 기록이며 야웨의 행동을 호의적으로 묘사한다.
3. 구약성경은 대량 학살과 비슷한 사건들을 묘사한다.
4. 대규모 살해는 언제나 악하다.

---

1   대체로 이 책의 2부에서 인용된 작품은 구약 전공 학자들의 작품이다. 철학이나 신학 분야의 몇몇 작품도 인용되지만 말이다.

2   비슷한 질문들을 통해 그 문제의 틀을 구성한 다른 학자들에 관해서는 다음 문헌들을 보라. Randal Rauser, "'Let Nothing That Breathes Remain Alive': On the Problem of Divinely Commanded Genocide," *Philosophia Christi* 11 (2009): 28-29; Christian Hofreiter, *Making Sense of Old Testament Genocide: Christian Interpretations of* Herem *Passages*, Oxford Theology and Religion Monographs (Oxford: Oxford University Press, 2018), 9; Webb and Oeste, Bloody, Brutal, and Barbaric, 19-21. 이 주제에 관해 많은 연구가 이뤄졌다. 예를 들어 Eric A. Seibert, "Recent Research on Divine Violence in the Old Testament (with Special Attention to Christian Theological Perspectives)," *CBR* 15 (2016): 8-40에서 7중 구조가 발견된다.

이 명제들 사이의 모순 때문에 이 네 가지 명제 모두가 동시에 참일 수는 없다. 그러므로 최근의 논의 안으로 들어가는 출발점으로서, 이 책의 2부에서는 위의 네 가지 명제가 부인되는 토대 위에서 가나안 족속의 진멸 문제를 어떻게 다뤄야 할지에 관한 다양한 제안을 평가할 것이다.

1. 하나님을 재평가하기(이번 장): 하나님은 선하시지 않다.

2. 구약성경을 재평가하기(5장): 구약성경은 충실한 기록이 아니다.

3. 구약성경의 해석을 재평가하기(6장): 구약성경은 대량 학살과 비슷한 사건을 묘사하지 않는다.

4. 구약성경에 기록된 폭력을 재평가하기: 구약성경에 기록된 가나안 족속의 대규모 살해는 역사에서 그때에만 허용되었다.

다양한 견해들 사이의 몇 가지 핵심적인 차이가 표 2에 정리되었다.

표 2

	견해 1	견해 2	견해 3	견해 4
구약성경은 일반적인 전쟁 외의 대규모 살해를 묘사하는가?	예	예	아니오	예
독자들이 구약성경의 폭력적인 부분을 받아들여야 하는가?	아니오	아니오	예	예
독자들이 성경 일반을 받아들여야 하는가?	아니오	예	예	예

견해 1의 개요

우리는 여러모로 가장 간단한 해법, 즉 하나님이 선하시고 따를 가치가 있으시다는 믿음을 거부하는 견해부터 시작할 것이다. 이는 새로운 경로가 아니고, 종족 전부를 죽이라고 명령한 모세와 다른 쪽 뺨도 돌려대라고 하신 예수의 명령 사이의 모순을 강조했던 기원후 2세기의 켈소스(Celsus) 때부터 존재해왔던 기독교에 대한 비판을 대표한다.[3]

좀 더 최근에는 리처드 도킨스(Richard Dawkins)의 다음과 같은 언급에서 볼 수 있는 바와 같이 이 견해가 신무신론자들(New Atheists)에 의해 널리 퍼졌다. "구약의 하나님은 모든 허구 중 가장 불쾌한 인물이다. 그는 질투하고 그것을 자랑스럽게 생각한다. 그는 옹졸하고 불공평하고 용서하지 않으며 사사건건 간섭한다. 그는 원한을 품고 피에 굶주린 인종청소자다. 그는 여성을 혐오하고, 동성애 공포증에 걸려 있고, 인종차별주의자이고, 유아 살해자이며, 대량 학살자이고, 자식 살해자이고, 해롭고, 과대망상증 환자이고, 가학 피학성 변태 성욕자이고, 변덕스럽고 악의가 있는 불한당이다."[4]

---

3   그의 작품들은 오리게네스(Origen)의 응답에만 남아 있다. 이에 관한 요약은 Hofreiter, *Making Sense of Old Testament Genocide*, 79-85을 보라. 성경의 하나님이 폭력과 연결되었다는 이유로 하나님을 거부한 사람들에 관한 역사적 조사는 Philip Jenkins, *Laying Down the Sword: Why We Can't Ignore the Bible's Violent Verses* (New York: HarperOne, 2011), 167-82을 보라.

4   Richard Dawkins, *The God Delusion* (Boston: Mariner, 2006), 51. 『만들어진 신』(김영사 역간).

복음주의 목사였다가 신앙을 버린 댄 바커(Dan Barker)는 위에 인용된 어구에 기초해서 『하나님: 모든 허구 중 가장 불쾌한 인물』(*God: The Most Unpleasant Character in All Fiction*)이라는 책을 썼다.[5] 헥터 아발로스(Hector Avalos)는 종교적 폭력의 기원을 연구해서 다음과 같이 결론지었다. "모든 신앙은 궁극적으로 증명할 수 없으므로 가장 희소한 자원은 증명 가능성이다. 그리고 인간의 삶에서 아예 종교를 제거하는 것이 의사 결정 과정, 특히 폭력으로 이어지는 의사 결정 과정에서 입증 불가능성을 교정하거나 최소화하는 한 가지 방법이다."[6] 요컨대, 구약성경에 기록된 신적 폭력이 이 학자들로 하여금 유일신론의 모든 체계를 거부하게 한다.[7]

요약

이 견해의 유익은 신을 완전히 거부함으로써 신적 폭력의 문제를 명확하게 해결한다는 것이다. 그러나 대가도 명확하다. 많은 사람에게 있어 일신론 개념을 전면적으로 거부하는 데는 커다란 사회적·실존

---

5   Dan Barker, *God: The Most Unpleasant Character in All Fiction* (New York: Sterling, 2016).

6   Hector Avalos, *Fighting Words: The Origins of Religious Violence* (Amherst, NY: Prometheus, 2005), 371을 보라. 이 견해에 대한 최근의 또 다른 방어는 Evan Fales, "Satanic Verses: Moral Chaos in the Holy Writ," in *Divine Evil? The Moral Character of the God of Abraham*, ed. Michael Bergmann, Michael J. Murray, and Michael C. Rea (Oxford: Oxford University Press, 2011), 91–108을 보라.

7   유일신론이 폭력의 토대라는 주장에 대해서는 Regina Schwartz, *The Curse of Cain: The Violent Legacy of Monotheism*(Chicago: University of Chicago Press, 1997)을 보라.

적 비용이 수반된다. 전에 신앙이 있었던 사람들에게는 그들의 사회적 관계가 심하게 손상될 것이고 우정이 상실될 것이다. 전에 삶의 토대를 제공했던 믿음도 상실될 것이다. 윤리적 관점에서는 윤리와 도덕의 토대 역할을 할, 유신론 외의 새로운 토대가 획득될 필요가 있을 것이다. 예를 들어 이전에―아마도 하나님의 형상으로서의 인간에게 제공된 위엄이라는 토대에서―종교가 대량 학살을 악으로 보고 그것을 거부할 근거를 제공했다면 인간의 생명이 가치가 있고 따라서 대량 학살이 사악함을 확립할 다른 토대가 놓일 필요가 있을 것이다.

5장

THE DESTRUCTION OF THE CANAANITES

구약성경을 재평가하기

견해 2의 개요

두 번째 집단은 구약성경이 하나님과 인간 사이의 상호 작용에 대한 충실한 기록이라는 진술을 재평가함으로써 그 문제를 해결한다. 그들은 구약성경이 극단적인 신적 폭력 사례들을 기록하지만, 우리는 그런 폭력적인 텍스트들을 권위가 있는 것으로 받아들이지 말고 하나님을 그런 텍스트들로부터 분리해야 한다고 주장한다. 최근에 그들의 초기 작품을 통해 하나님을 그런 텍스트에서 분리하는 저자들이 많이 있는데, 예를 들자면 국제적으로 유명한 『땡땡의 모험』 시리즈(Tintin series)의 저자인 에르제(Hergé)가 있다. 그의 초기 작품은, 특히 "콩고에 간 땡땡"에서, 인종차별주의로 가득 찼다. 효과적인 마케팅 전략의 일부로서, 각각의 『땡땡』 책의 뒤쪽 표지는 다른 모든 『땡땡』 책의 표지 그림들을 포함한다. 그러나 대다수 영어 번역본은 인종차별주의자인 "콩고에 간 땡땡"의 표지를 포함하지 않아서 사실상 그것을 『땡땡』 "정경"에서 제외시켰다. 좀 더 유명한 사례를 들자면 1946년에 제작된 디즈니 영화 "남부의 노래"(Song of the South)는 인종차별주의 때문에 받아들여지지 않았으며, 디즈니플러스의 스트리밍 목록에 포함되지 않아서 오늘날 그것을 보기는 매우 어려워졌다. 이 예들에서 제안된 방식은 불쾌한 책이나 영화는 거부하되 전체로서의 『땡땡』 시리즈나 디즈니 영화는 보존하는 것이었다. 이 견해를 고수하는 학자들은 구약성경에도 비슷한 일을 하려고 한다. 즉 불쾌한 부분은 부인하되 구약을 성경의 일부로서 유지하려고 한다.

역사성

폭력적인 사건들이 일어나지 않았다고 주장하는 것은 그런 사건들을 부인하는 가장 흔한 방법 중 하나다. 많은 구약 학자가 여호수아서에 기록된 사건들의 역사성을 부인하며 이 텍스트들이 역사적 기록으로 읽혀서는 안 된다고 믿는다. 대신 그들은 훨씬 후대인 요시아 시대 때 가나안 종교의 잔재를 제거함으로써 유다를 개혁하려고 한 요시아의 시도로 이런 폭력적인 텍스트들을 지어냈다는 식으로 설명한다(왕하 22:1-23:30).[1] 달리 말하자면, 그들은 이 이야기들이 그것들이 일어났다고 주장되는 시기보다 수백 년 후에 요시아의 정치적 입장을 방어하기 위한 허구의 이야기로 쓰였다고 주장한다. 켄튼 스팍스(Kenton Sparks)는 요시아 시대에는 더 이상 존재하지 않는 가나안 족속이 아니라 가나안 종교가 초점이기 때문에, 이 해석이 위안을 준다고 생각한다. 그에 따르면 "신명기의 저자—그는 다른 곳에서 과부와 고아와 외국인을 옹호했다—는 대량 학살 텍스트들이 암시하는 것보다 훨씬 온화한 사람이었다."[2] 다른 학자들은 이런 폭력적인 텍스트들이 요시

---

1   예를 들어 다음 문헌들을 보라. Yoshihide Suzuki, "A New Aspect of Hrm in Deuteronomy in View of an Assimilation Policy of King Josiah," *Annual of the Japanese Biblical Institute* 21 (1995): 3-27; Lori L. Rowlett, *Joshua and the Rhetoric of Violence: A New Historicist Analysis*, JSOTSup 226 (Sheffield: Sheffield Academic, 1996); Temba L. J. Mafico, "Joshua," in *The Africana Bible: Reading Israel's Scriptures from Africa and the African Diaspora*, ed. Hugh R. Page Jr. (Minneapolis: Fortress, 2010), 115-19. **헤렘** 텍스트를 여로보암 2세의 통치 때 쓰인 것으로 보는 견해는 Stern, *Biblical* Herem을 보라.

2   Kenton L. Sparks, *Sacred Word, Broken Word: Biblical Authority and the Dark Side of*

아 시대보다 뒤에 쓰였다고 주장한다. 뤼디거 슈미트(Rüdiger Schmitt)는 구약성경에 기록된 전쟁 자료들이 포로기와 포로기 이후에 작성되었고 실제 전쟁과는 아무 관계가 없으며, 율법을 준수하기 위한 은유 역할을 했다고 본다.[3] 야이르 호프만(Yair Hoffman)는 심지어 **헤렘** 법들은 대체로 유대인들이 외국인들을 **받아들여야** 한다고 주장하기 위해 포로기 이후에 쓰였다는, 직관에 반하는 주장을 펼친다. 가나안 족속의 멸망에 관한 가공의 역사에 따르면 그들이 더 이상 존재하지 않으며, 따라서 외국인들이 더 이상 위험을 야기하지 않는다는 것이다.[4]

폭력적인 텍스트들의 역사성을 부인하는 것은 그 문제를 어느 정도 깔끔하게 해결한다. 구약성경의 고대 저자들이 이런 이야기들을 지어내고 야웨가 그런 식으로 말씀하신다고 생각했다는 것은 문제가 되지만 말이다. 레지나 슈워츠(Regina Schwartz)의 말마따나 "그런 이야기들은 윤리가 암호화된 문화적 좌위(cultural locus)이기 때문에 우리는 그 이야기들의 윤리를 진지하게 취할 필요가 있다."[5] 아래의 비유

　　 Scripture (Grand Rapids: Eerdmans, 2012), 112. 비슷한 사고는 Peter Enns, *The Bible Tells Me So: Why Defending Scripture Has Made Us Unable to Read It* (New York: HarperOne, 2014), 58-60을 보라.

3　　Rüdiger Schmitt, Der "Heilige Krieg" im *Pentateuch und im deuteronomistischen Geschichtswerk: Studien zur Forschungs-, Rezeptions- und Religionsgeschichte von Krieg und Bann im Alten Testament*, AOAT 381 (Münster: Ugarit-Verlag, 2011).

4　　Yair Hoffman, "The Deuteronomistic Concept of the Herem," *ZAW* 111 (1999): 196-210.

5　　Schwartz, *Curse of Cain*, 62. John J. Collins, "The God of Joshua," *SJOT* 28 (2014): 212-28도 보라.

는 역사성 결여를 윤리적 문제에 대한 해법으로 보는 것의 문제를 보여준다.

어느 가정에서 나이가 좀 더 많은 자녀들이 동생들에게 그들의 아버지가 자기들이 버릇이 없이 굴었다고 심하게 때린 일에 관한 무서운 이야기들을 들려준다고 가정하자. 그리고 그 이야기에 따르면 아버지가 그 아이들이 자발적으로 매춘을 해서 생활비를 벌어오라고 윽박질렀다고 가정하자. 이제 좀 더 나이가 든 아이들이 나중에 "우리의 이야기들은 '역사'로 여겨질 것을 의도하지 않았다. 그 이야기들의 기본적인 메시지는 착하게 굴고 가정에서 자기의 몫을 담당하는 것이 우리 아버지에게 중요하다는 것이다. 우리는 요점을 강조하기 위해 엄청나게 과장했다"라고 말한다고 상상하자. 우리 중 대다수는 동생들 중 **몇 명**이 자기가 들은 대로 그 이야기들을 **믿었을 수도 있다**는 가정하에 좀 더 나이가 많은 아이들이 이 대목에서 한 일은 매우 소름 끼친다고 생각할 것이다. 그리고 아버지 자신이 그의 어린 자녀들에 대한 "계시"로서의 이 이야기들을 말하도록 영감을 고취했거나 허용했다고 가정하는 것은 문제를 개선하는 것이 아니라 악화시킨다. 품위 있는 아버지라면 그런 짓을 하지 않을 것이다.[6]

---

6 Michael Bergmann, Michael Murray, and Michael Rea, "Introduction," in *Divine Evil? The Moral Character of the God of Abraham*, ed. Michael Bergmann, Michael Murray, and Michael Rea (Oxford: Oxford University Press, 2011), 9-10. 강조는 원저자의 것임.

내재적인 인간의 윤리

구약성경을 재평가하는 또 다른 방식은 역사적 근거에서라기보다는 윤리적 근거에서 구약성경을 거부하는 것이다. 달리 말하자면 우리는 직관적으로 대량 학살이 악하다는 것을 알기 때문에 대량 학살에 관한 기사가 신성한 텍스트들에 등장하더라도 그것을 거부해야 한다.[7] 랜들 라우저(Randal Rauser)는 이 폭력적인 행동들이 야웨께 귀속될 수 없는 이유를 다음과 같이 네 가지로 정리한다. (1) 아이들을 죽이는 것은 나쁘다, (2) 학살은 군인들에게 피해를 야기한다, (3) 그 기사는 다른 대량 학살에 대한 묘사와 들어맞는다(그것은 이례적인 예외가 아니다), (4) 가나안 족속의 대량 학살은 다른 대량 학살로 이어졌다.[8] 이와 마찬가지로 존 콜린스(John Collins)는 독자들이 "성경이 윤리적 사안에 관해 오류가 없는 지침이 아니다"라는 것을 알기를 원한다.[9] 달리 말하자면 우리의 내재적인 윤리 감각이 우리로 하여금 구약성경에 기록된 극단적인 폭력을 거부하도록 인도해야 한다. 몇몇 학자는 후대의 편집자들이 전쟁 텍스트들의 폭력을 완화했다고 하면서 구약성경 자체 안에서도 폭력적인 경향에 대한 윤리적 검열이 있었다고 주장했다. 예를 들어 토마스 뢰머(Thomas Römer)는 여호수아서에 따르면 정

---

7   Eryl W. Davies, *The Immoral Bible: Approaches to Biblical Ethics* (T&T Clark, 2010), 120-38.
8   Rauser, "'Let Nothing That Breathes Remain Alive.'"
9   John J. Collins, *Does the Bible Justify Violence?*, Facets (Minneapolis: Fortress Press, 2004), 32.

복의 하나님은 전사 하나님이셨지만 바빌로니아 포로기의 편집자들이 그 전쟁 이야기들을 비군사화했다고 주장한다. 예를 들어 여호수아 1:8은 여호수아를 군사 지도자에서 랍비로 바꿨다.[10] 이런 주장은 경전의 신적 영감을 무시하는, 인간 중심적인 견해라고 논박하는 학자들도 있다. 그리고 신약성경에도 폭력이 기록되어 있으므로, 우리가 일관성을 유지하려면 구약성경과 신약성경 모두의 상당한 부분을 거부할 필요가 있을 것이다.

오해

이 범주의 견해 안에서 또 다른 접근법은 오해 개념에 토대를 둔다. 이스라엘은 하나님이 그들에게 원하셨던 수준을 넘어갔다는 것이다. 월터 브루그만(Walter Brueggemann)은 가나안 족속에 대한 하나님의 주된 명령은 여호수아 11:6에 기록된 "그들의 말 뒷발의 힘줄을 끊고 그들의 병거를 불사르는" 것에 제한되었다고 주장한다. 이스라엘은 자체의 군대를 보유하지 않고 하나님을 신뢰해야 한다. 하나님이 명령하신 유일한 폭력은 무기에 의한 폭력이 아니라 무기에 대한 폭력이다. 브루그만에 따르면 "우리는 이스라엘이 제한되고 규율이 있는 하나

---

10 Thomas Römer, *Dark God: Cruelty, Sex, and Violence in the Old Testament*, trans. Sean O'Neill (New York: Paulist, 2013), 76-86. 후대의 편집자들이 폭력의 색조를 누그러뜨렸다는 다른 주장들은 Lawson G. Stone, "Ethical and Apologetic Tendencies in the Redaction of the Book of Joshua," *CBQ* 53 (1991): 25-35을 보라.

님의 허가를 취해서 그것의 의도나 행동의 본질을 훨씬 뛰어넘어 사나워지고 압제를 자행했다고 생각해도 무방하다."[11] 달리 말하자면 이스라엘이 가나안 족속을 멸망시킨 것은 하나님이 바라셨던 일이 아니었다. 톰 스타크(Thom Stark)도 브루그만과 비슷하게 다음과 같이 말한다. "나는 하나님이 결코 이스라엘 백성에게 모든 사람을 죽이라고 명령하시지 않았다고 주장한다. 이런 묘사들은 이스라엘이 고대의 많은 이웃과 공유했던 표준적인 제국주의 이데올로기를 반영한다. 나는 그것들은 순전한 신적 계시의 산물이 아니라 고대 문화의 산물이라고 생각한다."[12] 비난 모델의 상대주의를 채택하는 것도 비슷한 접근법이다. "혹자의 문화적 또는 역사적 입장에 기인한 도덕적 무지는 비난할 수 없다."[13] 그러나 구약성경은 이스라엘 백성이 하나님을 오해했다는 하나님의 꾸짖음을 기록하지 않으며 정복은 세상을 향한 하나님의 계획의 중요한 부분으로 제시된다는 점이 이 접근법의 중대한 문제다.[14]

---

11   Walter Brueggemann, *Divine Presence Amid Violence: Contextualizing the Book of Joshua* (Eugene, OR: Cascade, 2009), 39.

12   Thom Stark, *The Human Faces of God: What Scripture Reveals When It Gets God Wrong (and Why Inerrancy Tries to Hide It)* (Eugene, OR: Wipf & Stock, 2011), 150.

13   Miranda Fricker, "The Relativism of Blame and Williams' Relativism of Distance," *Proceedings of the Aristotelian Society Supplementary* 84 (2010): 167. 나에게 이 논문에 대해 알려준 J. 블레어 윌거스(J. Blair Wilgus)에게 감사한다.

14   Christopher J. H. Wright, *The God I Don't Understand: Reflections on Tough Questions of Faith* (Grand Rapids: Zondervan, 2008), 82-83. 『크리스토퍼 라이트 성경의 핵심 난제들에 답하다』(새물결플러스 역간).

기독론

구약성경을 그리스도 중심적으로 읽는 것은 두 번째 견해의 입장을 취하는 사람들이 사용하는 좀 더 인기 있는 방법 중 하나다. 신약성경에 따르면 예수는 궁극적인 하나님의 형상이시다. 그러므로 하나님이 어떤 분이신지 알고 싶다면 우리는 예수를 바라봐야 한다. 이 방법에 따르면 예수는 복음서들에서 비폭력적이라고 묘사되기 때문에 우리에게 하나님 자신이 평화주의자라고 가르치며, 우리가 폭력을 하나님께 돌리는 것은 실수하는 것이다. C. S. 코울스(C. S. Cowles)는 "첫 번째 여호수아 시대와 두 번째 여호수아(즉 예수) 시대 사이에 하나님의 성품과 모든 인간 생명의 존엄성에 대한 이해에 철저한 변화가 일어났음은 논쟁의 여지가 없다"라고 주장한다.[15] 예수는 원래 모세를 통해 주어진 이혼 명령을 업데이트하시는 것과 비슷한 방식으로 대량 학살 명령도 업데이트하신다.[16]

이 입장의 옹호자 중 가장 유명한 학자는 에릭 세이버트(Eric Seibert)다. 그는 "하나님의 도덕적 성품은 예수의 인격을 통해 가장 명확하고 완전하게 계시된다"라고 주장한다.[17] 예수는 외국인들을 멸망

---

15   C. S. Cowles, "The Case for Radical Discontinuity," in *Show Them No Mercy: Four Views on God and Canaanite Genocide* (Grand Rapids: Zondervan, 2003), 41.

16   Cowles, "Case for Radical Discontinuity," 33-34. J. Denny Weaver, *The Nonviolent God*(Grand Rapids: Eerdmans, 2013)도 보라.

17   Eric A. Seibert, *Disturbing Divine Behavior: Troubling Old Testament Images of God* (Minneapolis: Fortress, 2009), 185.

시키도록 명령하시는 대신 우리에게 비폭력적이시고 악인에게 친절하신 하나님을 계시하신다.[18] 구약성경 텍스트가 비폭력적인 예수의 이 이미지와 조화되지 않는다면 그것은 거부되어야 한다. 데릭 플러드(Derek Flood)는 또 다른 신약성경 중심적 견해를 제시한다. 그는 예수와 바울이 선택적 인용 같은 전술들을 통해 구약성경의 폭력을 거부했다고 주장한다. 그의 견해에 따르면 예수는 구약성경의 보복적 정의를 회복적 정의로 바꾸신다. 우리는 구약성경을 "질문하지 않는 순종"의 태도로 읽을 것이 아니라 "신실한 질문하기"의 태도로 읽어야 한다.[19] 리처드 헤이스는 자신의 견해를 한층 더 솔직하게 다음과 같이 진술한다. "신약성경의 도덕적 비전과 특정한 구약성경 텍스트의 도덕적 비전 사이에 조화될 수 없는 긴장이 존재할 경우 신약성경의 비전이 구약성경의 비전에 우선한다.…십자가와 부활을 통해 모든 것이 변했다."[20]

그레고리 보이드(Gregory Boyd)는 그의 저서 『전사 하나님의 십자가에 죽으심』(The Crucifixion of the Warrior God)의 부제 "십자가에 비춰 본 하나님에 대한 구약성경의 폭력적 묘사"(Interpreting the Old Testament's

---

18   Seibert, *Disturbing Divine Behavior*, 190-203.

19   Derek Flood, *Disarming Scripture: Cherry-Picking Liberals, Violence-Loving Conservatives, and Why We All Need to Learn to Read the Bible Like Jesus Did* (San Francisco: Metanoia, 2014), 23-70.

20   Richard B. Hays, *The Moral Vision of the New Testament: A Contemporary Introduction to New Testament Ethics* (San Francisco: HarperCollins, 1996), 336-37.

Violent Portraits of God in Light of the Cross)에서 유사한 견해를 옹호한다. 그는 경전에 대한 신학적 해석과 자신이 "보수적 해석 원칙"이라고 부르는 것을 따르기 때문에 단순히 구약성경의 일부를 거부하는 것을 거북하게 생각한다.[21] 하지만 그는 십자가에서 절정에 이른 예수의 비폭력적인 생애와 사역이 구약성경에 대한 이해에 결정적이라고 생각한다. 그는 신적 폭력을 하나님의 직접적인 행동이 아니라 하나님이 자기의 보호의 손길을 거두시고 (종종 우주적인) 악한 세력들에게 인간에 대해 폭력적으로 행동하도록 허용하셔서 스스로를 파괴하는 죄를 짓게 하시는 것으로 해석한다.[22] 야웨가 아시리아를 이스라엘을 다루기 위한 도구로 사용하시는 예처럼, 우리는 구약성경에서 이에 관한 증거를 쉽게 발견할 수 있다(사 10:5). 그러나 신적으로 정해진 많은 폭력 사례가 예언자들 및 야웨의 다른 추종자들을 통해 집행된다. 보이드는 이것을 하나님이 자신이 주신 은사들의 사용을 세세한 점까지 관리하시지 않는 결과라고 해석한다.[23] 보이드는 가나안 족속의 진멸에 관해서는 야웨의 원래 계획은 비폭력적인 정복이었다고 주장한

---

21   Gregory A. Boyd, *Crucifixion of the Warrior God: Interpreting the Old Testament's Violent Portraits of God in Light of the Cross*, 2 vols. (Minneapolis: Fortress, 2017), 513-52. 『전사 하나님의 십자가에 죽으심』(기독교문서선교회 역간)

22   Boyd, *Crucifixion of the Warrior God*, 768.

23   Boyd, *Crucifixion of the Warrior God*, 1196. 하나님이 대리인을 사용하시되 대리인에게 자유도 주신다는 유사한 주장에 관해서는 Terence E. Fretheim, "Violence and the God of the Old Testament," in *Encountering Violence in the Bible*, ed. Markus Zehnder and Hallvard Hagelia, The Bible in the Modern World 55 (Sheffield: Sheffield Phoenix, 2013), 116-20을 보라.

다.[24] 보이드는 신적 폭력에 관한 자신의 견해를 뒷받침하는 많은 예를 제시하지만, 모든 신적 폭력 사례를 자신의 틀에 맞추려는 그의 욕구는 많은 학자에게 텍스트를 정당하게 다루지 않는 처사로 보인다. 이집트에 임한 열 번째 재앙(장자의 죽음)과 언약궤(삼상 5장에 기록된 블레셋 사람들에 대한 폭력적인 공격)가 둘 다 모두 마귀적이라는 그의 입장은 특히 그렇다.[25]

구약성경에 기록된 폭력적인 텍스트들에 기독론적으로 접근하는 것의 문제 중 하나는 그 배경에 마르키온(Marcion)의 망령이 붙어 있다는 것이다. 시노페의 마르키온은 구약성경과 신약성경의 많은 부분을 거부했다는 이유로 이단으로 선언된 초기 교회의 주교였다.[26] 테르툴리아누스(Tertullian)는 구약성경의 하나님과 신약성경의 하나님을 비교하는 마르키온의 견해가 "사법적이고, 가혹하고, 전쟁에 능한 하나님과 상냥하고, 평온하고, 선하고 훌륭한 하나님" 사이의 대조라고 요약한다.[27] 기독론적 접근법을 따르는 학자들은 일반적으로 마르키온은 구약성경을 전면적으로 거부했지만 자기는 구약성경이 올바

---

24 Boyd, *Crucifixion of the Warrior God*, 961-1002.

25 Boyd, *Crucifixion of the Warrior God*, 1178-83, 1231-47.

26 마르키온에 관해 좀 더 자세한 내용은 다음 문헌들을 보라. Heikki Räisänen, "Marcion," in *A Companion to Second-Century Christian "Heretics,"* ed. Antti Marjanen and Petri Luomanen, VCSup 76 (Leiden: Brill, 2005), 100-124; Sebastian Moll, *The Arch-Heretic Marcion*, WUNT 250 (Tübingen: Mohr Siebeck, 2010); Hofreiter, *Making Sense of Old Testament Genocide*, 43-48.

27 Tertullian, *Against Heresies* 1.6.1. Quoted from http://newadvent.org/fathers/03121.htm.

로 읽히면 여전히 가치가 있다고 생각한다고 주장함으로써 마르키온과 거리를 두려고 한다.[28]

구약성경을 재평가하는 이 접근법은 몇 가지 다른 문제에도 직면한다. 첫째, 신약성경은 폭력적인 이야기들을 포함하여 구약성경의 이야기들을 받아들인다. 예를 들어 소돔과 고모라의 멸망은 신약성경에서 아홉 번 언급되지만 결코 비난되거나 모종의 비폭력적인 행동이라고 설명되지 않는다. 이와 유사하게 스데반과 바울도 가나안 정복을 비난하지 않으면서 언급한다(행 7:45; 13:19). 둘째, 이 접근법은 구약성경에 제시된 분노하고 폭력적인 하나님과 신약성경에 제시된 비폭력적인 하나님 사이에 뚜렷한 선을 그을 수 없다. "여호와라, 여호와라. 자비롭고 은혜롭고 노하기를 더디하고 인자와 진실이 많은 하나님이라"라는 출애굽기 34:6은 구약성경 자체에서 가장 자주 인용되는 구절 중 하나다. 다른 한편으로 신약성경 역시 하나님의 진노에 관한 언급을 포함하고 있다. 엘루마가 눈이 멀게 되고(행 13:11) 아나니아와 삽비라와 헤롯이 죽임을 당한 데서(행 5:1-11; 12:20-23) 알 수 있듯이, 예수가 부활하신 뒤에도 신적 폭력이 중지되지 않는다.[29] 예

---

28   Cowles, "Case for Radical Discontinuity," 41-43; Flood, *Disarming Scripture*, 75-89.
29   세이버트의 비판자 중 한 명은 그의 작품이 "신약성경에 나타난 폭력, 이념적이거나 구조적인 폭력, 그의 해석학이 반유대주의에 미치는 함의를 진지하게 고려하지 않는다"라고 말한다. Julia M. O'Brien, "Trauma All Around: Pedagogical Reflections on Victimization and Privilege in Theological Responses to Biblical Violence," in *La Violencia and the Hebrew Bible*, ed. Susanne Scholz and Pablo R. Andiñach, Semeia Studies 82 (Atlanta: SBL, 2016), 188.

수 자신이 폭력과 관련되시는데, 복음서들에서는 부분적으로 폭력에 관여하시고(요 2:14-17에 기록된 성전 청소와 마 23장에 기록된 강한 비난), 특히 요한계시록에서 폭력과 연루되신다.[30] 가장 극적인 예를 들자면, 신약성경 전체에 걸쳐 묘사된 종말의 심판은 상당히 폭력적인 것으로 보인다.

이런 기독론적 접근법을 취하는 학자들은 요한계시록과 종말의 심판에 나타난 폭력에 대해 다양한 방식으로 답변한다. 그들은 요한계시록에 대해서는 일반적으로 그 책을 묵시 문학이라는 장르에 기초한 상징적인 것으로 보며, 따라서 실제 폭력을 묘사하는 것이 아니라고 본다.[31] 세이버트는 그것이 시간 안에 존재하는지에 기초하여 역사적 심판과 종말의 심판을 구별하려고 한다. "혹자가 영원한 처벌에 대한 조건주의[절멸주의, annihilationist's view]를 취한다고 하더라도 예수가 역사적 시간에서 여전히 비폭력적인 행동을 계시하실 수 있으며, 따라서 예수는 종말의 심판을 가르치셨음에도 근본적으로 비폭력적이시다."[32] 그러나 역사적 시간 밖에서 행해지는 하나님의 행동은

---

30   Alan S. Bandy, "Vengeance, Wrath and Warfare as Images of Divine Justice in John's Apocalypse," in *Holy War in the Bible: Christian Morality and an Old Testament Problem*, ed. Heath A. Thomas, Jeremy Evans, and Paul Copan (Downers Grove, IL: InterVarsity Press, 2013), 108-29; Dana M. Harris, "Understanding Images of Violence in the Book of Revelation," in *Encountering Violence in the Bible*, ed. Markus Zehnder and Hallvard Hagelia, The Bible in the Modern World 55 (Sheffield: Sheffield Phoenix, 2013), 148-64.

31   Seibert, *Disturbing Divine Behavior*, 254-57.

32   Seibert, *Disturbing Divine Behavior*, 253-54.

하나님의 근본적인 특성과 관련하여 아무런 차이를 만들지 않는다는 그의 주장은 많은 사람에게 궤변으로 들릴 것이다. 하나님이 왜 시간 밖에서라는 이유만으로 자신의 성품에 반하여 행동하셔도 되는가? 존 도미니크 크로산(John Dominic Crossan)은 종말의 심판을 완전히 거부함으로써 좀 더 과격한 접근법을 취한다. "성경 속 이야기의 의미가 성경의 중심인 복음서들에 기록된 예수의 이야기와 바울의 초기 저작들에 있다는 사실과 그 내러티브의 절정이 중심에 있다는 사실 및 성경의 중심의 의미가 비폭력적이라는 사실은 성경이 폭력적으로 끝나는 것이 말이 되지 않는다고 판단한다."[33]

요약

요컨대 구약성경을 재평가하는, 두 번째 견해를 옹호하는 학자들은 구약성경의 내러티브들을 문자적으로 읽고 그 내러티브들이 대량 학살에 대한 묘사를 포함한다고 믿는 경향이 있다. 하지만 그들은 역사적이거나 신학적이거나 윤리적인 이유로 텍스트 전체나 텍스트들의 특정한 폭력적 측면을 거부한다. 이런 학자들은 구약성경에 역사적 오류나 윤리적 오류가 포함되어 있다고 보기 때문에 이 견해는 자연히 성경의 무오류성 교리에 함의를 지닌다. 톰 스타크의 책『하나님

---

33   John Dominic Crossan, *How to Read the Bible and Still Be a Christian: Struggling with Divine Violence from Genesis to Revelation* (New York: HarperOne, 2015), 35. 『성경을 어떻게 읽어야 참 그리스도인이 되는가』(한국기독교연구소 역간).

의 인간적인 얼굴: 성서가 하나님을 잘못 제시할 때 성서는 무엇을 계시하는가[그리고 성서의 무오류성 교리는 왜 그것을 감추려고 하는가](*The Human Faces of God: What Scripture Reveals When It Gets God Wrong [And Why Inerrancy Tries to Hide It]*)의 부제는 이 점을 보여준다. 웨스 모리스턴 (Wes Morriston)이 대량 학살이라는 주제를 꺼내는 요점은 무오류성을 거부할 필요가 있다는 것이다.[34] 혹자가 이 견해를 취하면서도 무오류성을 유지하기를 원할 경우 역사적으로 받아들여진 무오류성의 정의와는 다른 정의가 필요할 것이다.[35] 이 집단에 속하는 학자들은 또한 성경에 기초한 교리 논쟁을 피하는 경향이 있다.[36] 예를 들어 엔스 (Enns)는 "성경은 무기, 곧 현대의 가나안 족속들이나 바빌로니아인들에 대항하여 휘두를 검이 아니다. 그것은 우리가 거기서 하나님을 만나는 책이다"라고 말한다.[37]

이 학자들은 폭력적인 텍스트들을 거부함에도 일반적으로 구약성경의 중요성과 적실성을 유지하기를 원한다. 일반적으로 말하자면 존 콜린스는 해석자가 성경이 가르치는 것에 관해 덜 확신하라고 추

---

34 Wes Morriston, "Did God Command Genocide? A Challenge to the Biblical Inerrantist," *Philosophia Christi* 11 (2009): 7-26.

35 예를 들어 라우저는 자신의 견해를 "기능적 무오류성"이라고 정의한다(Randal Rauser, "Errant Statements in an Inerrant Book," 19 February 2013, http://randalrauser.com/2013/02/errant-statements-in-an-inerrant-book/, December 31, 2020 접속).

36 Flood, *Disarming Scripture*, 229-58.

37 Enns, *Bible Tells Me So*, 238.

천한다. "성경 비평이 폭력에 대한 성경의 기여를 누그러뜨린다는 측면에서 할 수 있는 가장 건설적인 일은 그런 자신감이 환상임을 보여주는 것이다."[38] 세이버트는 어떤 이야기의 건설적인 부분을 유지하는 한편 그 이야기의 신랄한 측면들을 제거할 것을 요청한다. 예를 들어 출애굽기 15장에서 독자들은 전사로서의 하나님 이미지를 버리되 불의에 대한 하나님의 증오는 유지해야 한다. 독자들은 이런 식으로 이런 텍스트들을 전부 거부하는 것이 아니라 그것들의 불쾌한 부분만 버린다. 따라서 신자들은 이런 폭력적인 텍스트들로부터도 배울 수 있다.[39] 톰 스타크는 거부된 텍스트들을 유지하는 것을 옹호하지만 따라야 할 지침으로서 유지하는 것은 아니라고 생각한다. 대신 스타크에 따르면 "그것들은 바로 정죄된 텍스트들로서의 성서로 유지되어야 한다. 정죄된 텍스트들로서의 지위가 바로 그 텍스트들의 영적 가치다. 그 텍스트들이 정죄되었다는 사실이 우리에게 하나님에 관해 계시하는 내용이다."[40] 즉 그 텍스트들의 거부는 우리에게 이것이 바로 하나님이 행동하시지 않는 방식임을 보여준다.

구약성경의 재평가는 하나님을 성경에 기록된 폭력으로부터 절

---

38   Collins, Does the Bible Justify Violence?, 33.
39   Seibert, *Disturbing Divine Behavior*, 212-15; Eric A. Seibert, "Preaching from Violent Biblical Texts: Helpful Strategies for Addressing Violence in the Old Testament," *Perspectives in Religious Studies* 42 (2015): 247-57. 유사한 견해에 대해서는 Sparks, *Sacred Word, Broken Word*, 111-12을 보라.
40   Stark, *Human Faces of God*, 218.

연시킴으로써 명백한 윤리적 유익을 제공한다. 그러나 그것은 구약성경을 신뢰할 수 있는 문서로 믿지 못하게 하는 대가를 수반한다. 이 견해를 선택하면 성경의 무오류성에 대한 거부(또는 적어도 무오류성에 대한 상당한 재정의)도 수반된다. 많은 그리스도인이 하나님과 성경의 특성에 관한 이 견해에 불편함을 느끼기 때문에 이 접근법을 선택할 때의 사회적 비용이 상당히 클 수도 있다. 심하면 직장을 잃거나 교회의 교제에서 단절될 수도 있다.

THE DESTRUCTION OF THE CANAANITES

구약성경의
해석을 재평가하기

견해 3의 개요

세 번째 집단에 속한 학자들은 구약성경에 기록된 사건들은 얼핏 보는 것보다 폭력적이지 않다고 주장함으로써 이런 이야기들의 해석을 재평가한다. 이들은 일반적으로 구약성경의 영감과 무오류성을 보존하려고 하며, 폭력적인 텍스트들이 모종의 방식으로 비폭력적이라고 (또는 적어도 폭력의 정도가 매우 작아서 윤리적으로 허용될 수 있다고) 주장함으로써 야웨를 폭력으로부터 떼어놓으려고 한다. 이 견해들은 따라서 이런 학자들은 구약성경의 사건들을 대량 학살로 여겨서는 안 된다고 주장한다. 폴 코판(Paul Copan)은 구약성경에 기록된 하나님의 명령들은 인종 혐오에 기초한 것이 아니므로 대량 학살이 아니라고 주장한다.[1] 그러나 인종 혐오적인 태도가 없다는 그의 말이 옳다고 하더라도 앞서 2장에서 언급된 대량 학살의 정의는 인종에 기인한 학살에 국한되지 않으며 종교에 토대를 둔 학살도 포함한다. 좀 더 후의 저작에서 코판과 매튜 플래너건(Matthew Flannagan)은 대량 학살에 대한 좀 더 엄격한 법률적 정의에 근거하여 여호수아의 행동이 대량 학살임을 부인한다. 그 사건들은 박멸이 아니라 추방과 관련이 있기 때문이라는 것이다.[2] 좀 더 일반적으로 말하자면 엘리노어 스텀프(Eleonore Stump)는

---

1   Paul Copan, *Is God a Moral Monster? Making Sense of the Old Testament God* (Grand Rapids: Baker, 2011), 163-65(『구약 윤리학』, 기독교문서선교회 역간), 비슷한 주장으로는 다음 문헌들을 보라. Wright, *God I Don't Understand*, 92; Preston Sprinkle, *Fight: A Christian Case for Non-Violence* (Colorado Springs: Cook, 2013), 77-78.

2   Paul Copan and Matthew Flannagan, *Did God Really Command Genocide? Coming to*

같은 행동들을 다른 단어들로 묘사하는 것이 적절할 수 있다고 생각한다. 예를 들어 당신의 손에 가해진 고통이 수술인가 아니면 고문인가? 그것은 맥락에 의존한다. 행동들은 똑같다고 하더라도 맥락이 대량 학살이 아닌 다른 단어를 사용하는 것을 정당화할지도 모른다.[3]

영적 해석

교회 역사를 통틀어 폭력적인 성경 내러티브들을 재해석하는 전통적인 방법 한 가지로서 그 내러티브들을 영적으로 해석하는 접근법이 있었는데, 오늘날에도 그 관행을 따르는 사람들이 존재한다.[4] 예를 들어 요하네스 카시아누스(John Cassian)는 이스라엘 백성에 의해 진멸될 가나안의 일곱 족속은 그리스도인들이 자신의 내면에서 물리쳐야 할 일곱 가지 악이라고 말했다.[5] 아우구스티누스는 자신의 청중에게 이교도들의 집에 있는 우상들이 아니라 그들의 마음에 있는 우상들을 부수라고 요청했다.[6] 유대교의 몇몇 해석은 유사한 관점에서 그

Terms with the Justice of God (Grand Rapids: Baker, 2014), 125-30.

3   Eleonore Stump, "Reply to Morriston," in Divine Evil? The Moral Character of the God of Abraham, ed. Michael Bergmann, Michael J. Murray, and Michael C. Rea (Oxford: Oxford University Press, 2011), 204-7.

4   Richard Swinburne, "What Does the Old Testament Mean?," in Bergmann, Murray, and Rea, Divine Evil? The Moral Character of the God of Abraham, 209-25; Hofreiter, Making Sense of Old Testament Genocide, 57-108.

5   Joseph T. Lienhard, ed., Exodus, Leviticus, Numbers, Deuteronomy, Ancient Christian Commentary on Scripture (Downers Grove, IL: InterVarsity Press, 2001), 286.

6   Lienhard, Exodus, Leviticus, Numbers, Deuteronomy, 287.

텍스트들이 아말렉 족속의 진멸을 명령한다고 이해한다. 여기서 아말렉 족속은 반유대주의나 악덕에 대한 내면의 심리적 욕구를 나타낸다.[7] 이 견해에는 그것이 죽은 가나안 족속들의 문제를 다루지 않는다는 문제가 있다. 영적 해석은 이 텍스트들로부터 오늘날에 적용될 의미를 도출하는 영역에서 한 가지 방법이 될 수도 있지만, 윤리적 의문을 해결하지는 못한다.[8] 이 해법이 효과적일 수 있는 유일한 방법은 그 기사의 역사성을 거부하는 것인데, 그렇게 되면 해석자가 이 책의 5장에서 논의된 견해를 취하는 셈이다. 그러나 교부들은 가나안 족속들의 진멸을 역사적 사건이었다고 받아들인 것으로 보인다.[9]

치명적이지 않은 행동들

이 견해에서의 또 다른 주장은 **헤렘** 텍스트들을 치명적이지 않은 것으로 본다. R. W. L. 모벌리(R. W. L. Moberly)와 네이선 맥도널드(Nathan MacDonald) 같은 몇몇 학자는 폭력적인 텍스트들을 은유로 본다. 모벌리는 신명기 7장에 기록된 **헤렘** 명령이 신명기 6:4-9에서 발견되는, 야웨를 사랑하라는 명령으로 시작하는 고대 유대교 기도인 "**쉐마**

---

7   Avi Sagi, "The Punishment of Amalek in Jewish Tradition: Coping with the Moral Problem," trans. Batya Stein, *HTR* 87 (1994): 330-36.

8   존 콜린스가 다음과 같이 말하듯이 말이다. "우리가 근절해야 할 가나안 족속은 악덕과 죄악이라고 말하는 것은 좋다. 그러나 우리는 여전히 인간을 학살한 것에 관해 명확하게 말하는 텍스트들을 지니고 있다"(*Does the Bible Justify Violence?*, 29-30).

9   Hofreiter, *Making Sense of Old Testament Genocide*, 60.

(*Shema*)의 함의에 대한 주된 해석"이라고 말한다.[10] 좀 더 자세히 말하자면, 그는 자신의 주장을 다음과 같이 설명한다.

> 특정한 구약성경 내러티브들에 등장하는 **헤렘**의 문자적 의미가 무엇이든, 그리고 **헤렘**이 이스라엘의 전쟁에서 실제로 실행되었든 실행되지 않았든 나는 신명기 7장이 **헤렘**을 두 가지 실제적인 표현[통혼의 금지와 가나안 종교의 성물 파괴]만을 지니는, 종교적 충성에 대한 은유라고 주장한다. 그것들은 생명을 취하는 것과는 관계가 없다.[11]

(비록 그곳에서 **헤렘**이라는 단어가 사용되지는 않지만) 요시아가 가나안 종교의 성물들을 파괴함으로써 야웨께 대한 자기의 사랑을 보여 준 열왕기하 23:25에서 쉐마와의 밀접한 병행이 나타난다는 사실을 통해 **헤렘**을 은유로 보는 그런 해석이 장려된다.[12] 더욱이 신명기 7장에 기

---

10 R. W. L. Moberly, "Toward an Interpretation of the Shema," in *Theological Exegesis: Essays in Honor of Brevard S. Childs*, ed. Christopher Seitz and Kathryn Greene-McCreight (Grand Rapids: Eerdmans, 1999), 134. 다음 문헌들도 보라. R. W. L. Moberly, "Election and the Transformation of Ḥērem," in *The Call of Abraham: Essays on the Election of Israel in Honor of Jon D. Levenson*, ed. Gary A. Anderson and Joel S. Kaminsky, Christianity and Judaism in Antiquity 19 (Notre Dame: University of Notre Dame Press, 2013), 67-89; R. W. L. Moberly, *Old Testament Theology: Reading the Hebrew Bible as Christian Scripture* (Grand Rapids: Baker Academic, 2013), 53-71.

11 Moberly, "Toward an Interpretation of the Shema," 135.

12 Moberly, "Toward an Interpretation of the Shema," 136-37.

록된 지시들은 이스라엘 백성이 가나안을 정복하는 도중에 그 땅에 들어갈 때의 이스라엘의 행동을 가리키는 것이 아니라 그들이 이미 그 땅에 들어가고 나서의 행동을 가리킨다(신 7:1-2).[13] 자연히 **헤렘** 명령 직후에 등장하는 통혼 금지도 이러한 은유적 해석을 장려하는 것으로 보인다. 가나안 족속이 모두 죽을 것이라면 통혼 금지는 다소 무의미하다고 보이기 때문이다.[14] 여호수아가 자기 생애의 끝에 한 연설(수 23-24장)에서 가나안 족속의 진멸이 아니라 그들로부터의 분리를 요구한 것은 **헤렘**에 대한 이 해석을 보여주며 신명기와 여호수아서에 대한 주석을 제공한다.[15] 요컨대, **헤렘**은 인간을 학살하라는 명령이 아니라 하나님이 자신의 백성에게 원하시는 철저한 순종에 대한 은유였다.

은유와 영적 해석이라는 두 가지 접근법을 결합하는 더글러스 얼(Douglas Earl)은 초기 교회의 해석 관행을 따름으로써 자기의 은유적 견해를 방어한다.[16] 여호수아서를 신화적으로 읽기 원하는 그는 신화

---

13 Nathan MacDonald, *Deuteronomy and the Meaning of "Monotheism,"* FAT 2:1 (Tübingen: Mohr Siebeck, 2003), 111.

14 MacDonald, *Deuteronomy and the Meaning of "Monotheism,"* 112.

15 Douglas Earl, "The Christian Significance of Deuteronomy 7," *JTI* 3 (2009): 44-45; Douglas Earl, *Reading Joshua as Christian Scripture*, JTISup 2 (Winona Lake, IN: Eisenbrauns, 2010), 109.

16 Earl, "Christian Significance of Deuteronomy 7"; Earl, *Reading Joshua as Christian Scripture; Douglas Earl, The Joshua Delusion? Rethinking Genocide in the Bible* (Eugene, OR: Cascade, 2010); Douglas Earl, "Holy War and חרם: A Biblical Theology of חרם," in *Holy War in the Bible: Christian Morality and an Old Testament Problem*, ed. Heath

를 "공동체와 개인이, 특히 신과 관련해서, 그 안에서 살고 생각하고 느끼는 방식을 형성하고자 하는 상상의 세계와 실존적으로 관련을 맺는 방식을 증언하는 특정한 문화적 표현"이라고 정의한다.[17] 얼은 이 관점에서 다음과 같이 말한다. **"헤렘은 전쟁이나 대량 학살과 관련될 경우 결코 현재 이스라엘의 관행을 묘사하는 것으로 보이지 않는다. 그것은 문자적 적용의 관점에서 '결코 현재가 아니다.' 그것은 과거나 미래의 텍스트의 세계에서 '문자적 실존'을 지니지만 '결코 현재가 아니다.'"**[18] 그것은 분리의 상징에 지나지 않았으며 거기서 은유적 의미(분리)는 "문자적" 의미(가나안 족속들을 죽이는 것)를 수반하지 않았다.[19]

이 접근법들의 주요 문제도 신명기 1-3장과 여호수아서의 내러티브들은 이스라엘 백성이 많은 가나안 족속을 죽인 것으로 보이게 만든다는 것이다. 맥도널드는 **헤렘**에서 "가나안 족속이나 다른 누구의 학살도 상상되지 않았다"라고 명쾌하게 진술한다.[20] 그러나 그는

A. Thomas, Jeremy Evans, and Paul Copan (Downers Grove, IL: InterVarsity Press, 2013), 152-75. 이와 마찬가지로 제롬 크리치(Jerome Creach)는 오리게네스의 해석에 근거해서 "금지령(ban)은 실로 영적 순결과 하나님께 대한 충성에 관한 은유다"라고 주장한다(Jerome F. D. Creach, *Violence in Scripture*, Interpretation [Louisville: Westminster John Knox, 2013], 111).

17   Earl, *Reading Joshua as Christian Scripture*, 47.

18   Earl, *Joshua Delusion?*, 60. 강조는 원저자의 것임.

19   Earl, *Reading Joshua as Christian Scripture*, 94-112; Earl, "Holy War and חרם," 154-63.

20   MacDonald, *Deuteronomy and the Meaning of "Monotheism,"* 116.

6장 구약성경의 해석을 재평가하기   117

"자연스러운 충동에 반할 수도 있는 순종"으로서의 **헤렘**에 대한 논의에서 자신의 주장에 대한 주요 예로서 사무엘상 15장에 기록된 아말렉 족속의 진멸을 인용한다. 사울은 야웨께 순종하지 않음으로써 자기가 야웨를 사랑하지 않는다는 것을 보여줬다. 사울은 야웨가 명령하신 대로 가축과 아말렉 왕을 죽이는 대신 그들을 살려줬다.[21] 맥도널드는 명백한 부조화를 설명하지 않는다. 이것은 비유일 뿐이고 "실제 역사"는 아닌가? 얼이 두 견해를 결합하여 여호수아서가 성전(holy war)이나 정복과 아무런 관계가 없다고 주장할 때 같은 문제를 수반하며, 이 주장은 전쟁을 지나치게 엄격하게 정의한다. 텍스트를 역사에서 분리하는 것은 이 범주에 속하는 학자 대다수에게서 발견되는 문제이며 그가 "신화"라는 단어를 사용하는 것도 마찬가지다. 얼은 "신화"를 주의 깊게 정의하지만 그 단어를 "허위"와 동의어로 사용하는 뿌리 깊은 용법은 그 단어를 사용하기 어렵게 만든다.[22] 앞의 주장과 마찬가지로, 텍스트를 알레고리로 해석하는 것은 원래 텍스트의 용어라는 문제를 남긴다. 즉 우리는 텍스트에서 가나안 족속이 죽임을 당했다는 기록을 지니고 있다. 이 문제들을 다루는 한 가지 가능한 방법은 야웨의 명령이 은유였는데 이스라엘 백성이 그것을 오해해서 문자

---

21   MacDonald, *Deuteronomy and the Meaning of "Monotheism,"* 115.

22   Christopher J. H. Wright, "Response to Douglas Earl," in *The Joshua Delusion? Rethinking Genocide in the Bible,* by Douglas Earl (Eugene, OR: Cascade, 2010), 141-42.

적으로 취했다고 보는 것이다.

존 월튼(John Walton)과 J. 하비 월튼(J. Harvey Walton)은 은유라는 아이디어를 사용하지는 않지만, **헤렘**을 사람을 죽이는 것이 아니라 정체성을 죽이는 것으로 정의하는 그들의 견해도 유사한 결론으로 이어진다. "모든 사람을 죽이는 것이 **헤렘**의 실제 목표가 아니며 모든 사람을 개종시키는 것도 목표가 아니다. 모든 사람을 개종시킨다면 **헤렘**의 목표를 이루었겠지만 그것은 기대되지 않는다(수 11:20을 보라).⋯목표는 다양한 정체성을 제거하여 그 땅에 남는 개인이 그것을 어떤 방식으로든 사용하지 못하게 하는 것이다."[23] 그러므로 그 명령은 가나안 족속을 제거하라는 것이 아니라 가나안 족속으로서 그들의 정체성을 제거하라는 것이다. 이 논리에 따르면 라합을 살려둔 것은 **헤렘**에 대한 예외가 아니라 그것의 실행이다. 신약성경은 이 아이디어를 취해서 우리의 옛 자아—우리의 옛 정체성—를 벗고 그리스도 안에서 새 자아를 입으라고 요구한다(예컨대 골 3:1-17). 그러나 월튼 부자는 가나안 족속을 죽인 사례가 드물었다고 말하지만, 그들은 여전히 죽이는 일이 일어났다고 주장한다. "'그들을 칼로 치는 것'은 일반적으로 예상되었던 운명인 노예로 삼는 것의 대안이다. 그들을 죽이는 목적은 그들을 죽게 하는 것 자체가 아니라 그들을 노예로 사용

---

23   John H. Walton and J. Harvey Walton, *The Lost World of the Israelite Conquest: Covenant, Retribution, and the Fate of the Canaanites* (Downers Grove, IL: InterVarsity Press, 2017), 214. 『가나안 정복의 잃어버린 세계』(새물결플러스 역간).

하지 못하게 하는 것이다."[24] 그러므로 죽임을 당한 가나안 족속이 있으므로 윤리적 문제를 해결하기 위해 다른 논거가 채택될 필요가 있을 것이다.[25]

과장

구약성경의 해석을 재평가하는 견해에서 세 번째 접근법은 가나안 족속의 진멸이 과장되었다고 읽는다. 이 접근법은 그 내러티브가 그 행동들을 실제보다 나쁘게 보이게 만드는 언어를 사용한다고 주장한다.[26] 몇몇 학자는 이 가정에 근거해서 "가나안 정복은 많은 사람이 가정하는 것보다 훨씬 범위가 좁았고 덜 가혹했다"라고 결론짓는다.[27] 과장의 존재는 언어적, 논리적, 수사학적인 세 가지 방식으로 살펴

---

24   Walton and Walton, *Lost World of the Israelite Conquest*, 173.
25   그리고 많은 복음주의자가 구약성경에 기록된 율법들과 그것들 배후의 원칙들이 따라야 할 도덕적 명령 목록이 아니라는 월튼 부자의 견해에 동의하지 않을 것이다. "경전으로서의 성경—즉 신적으로 영감을 받았고 권위가 있는 하나님의 말씀—은 우리에게 도덕적 지식을 제공해 주지 않는다. 우리에게 성경을 주신 하나님의 목적은 우리가 어떻게 도덕적으로 되는지 가르치는 것을 포함하지 않기 때문이다"(Walton and Walton, *Lost World of the Israelite Conquest*, 98).
26   이 접근법과 앞의 접근법 사이의 차이는 작다. 앞의 접근법은 종교적 측면에 좀 더 초점을 맞추고 전투를 경시하지만, 이 접근법은 사용된 언어가 전투의 실제 사건들을 어떻게 과장하는지에 좀 더 초점을 맞춘다.
27   Copan, *Is God a Moral Monster?*, 170-74. 다음 문헌들도 보라. Nicholas Wolterstorff, "Reading Joshua," in Bergmann, Murray, and Rea, *Divine Evil? The Moral Character of the God of Abraham*, 243-56; Sprinkle, *Fight*, 80-87; Copan and Flannagan, *Did God Really Command Genocide?*; Joshua Ryan Butler, *The Skeletons in God's Closet: The Mercy of Hell, the Surprise of Judgment, the Hope of Holy War* (Nashville: Nelson, 2014), 228-31; Webb and Oeste, *Bloody, Brutal, and Barbaric*, 136-230.

볼 수 있다.[28] **언어적으로 보자면** "성안에 있는 모든 것을 온전히 바쳐 멸했다"(수 6:21) 같은 보편적인 용어는 과장이 사용되었음을 가리키는 경향이 있다. 논리적으로는 그들이 말 그대로 모든 사람을 죽였을 가능성이 크지 않을 것이다. 우리가 뒤에서 살펴보겠지만 보편적 죽음이라는 이 아이디어는 다른 곳에서 사용된 "쫓아내다"라는 단어의 사용과 충돌한다. 더욱이 바빌로니아인들에 의한 이스라엘인들의 진멸─이스라엘인들이 실제로 진멸되지는 않았다─에 대한 묘사에서 사용된 언어의 유사성은 과장의 존재를 암시한다.[29] 위에서 언급된 바와 같이 어떤 텍스트는 야웨의 행동을 가나안 족속을 유배보내는 것으로 묘사하는데, 이는 이스라엘에 대한 야웨의 심판을 묘사하는 데 흔히 사용되는 어구다(왕하 17:11). 같은 책에 등장하는 "온 땅"(수 21:43)과 "남은 땅"(수 13:2) 사이의 대조 역시 우리로 하여금 그 책이 과장이라고 해석하도록 장려한다.[30] **수사학적으로는** 이 전쟁 기사들은 K. 로슨 영거 주니어(K. Lawson Younger Jr.)의 저작에서 제시되듯이 왕과 신의 능력을 과시하기 위해 과장을 사용하는 고대 근동의 기사들과 병행한다.[31] 그리고 사실은 왕과 그의 군사들만 죽임을 당했는데

---

28   Charles Cruise, "A Methodology for Detecting and Mitigating Hyperbole in Matthew 5:38-42," *JETS* 61 (2018): 83-104.

29   Webb and Oeste, *Bloody, Brutal, and Barbaric*, 167-69.

30   Wolterstorff, "Reading Joshua," 252-55.

31   K. Lawson Younger Jr., *Ancient Conquest Accounts: A Study in Ancient Near Eastern and Biblical History Writing*, JSOTSup 98 (Sheffield: JSOT Press, 1990).

전체 인구가 죽었다는 언급에도 과장의 수사가 존재할 수 있다.[32]

여호수아서에 확실히 과장이 존재하지만(확실한 예는 수 10:20을 보라[33]), 그것이 윤리적 문제를 해결하는지는 의문의 여지가 있다. 영거는 이스라엘이 여호수아서의 역사성을 방어하기 위한 방편으로서 다른 고대 국가들과 유사한 방식으로 자기들의 전쟁 기사를 썼다는 주장을 채택한다. 그는 과장이 사용되었다는 주장의 토대를 여호수아서와 고대 근동 왕국들의 텍스트들 사이의 유사성에 두기 때문에, 정복을 좀 더 구미에 맞게 만드는 방편으로서 과장이 사용되었다면 람세스 2세나 아슈르바니팔 같은 왕들 역시 훨씬 동정심이 있는 인물로 바뀔 것이다. 과장 접근법의 옹호자들은 구약성경의 폭력을 고대 근동의 폭력보다 윤리적으로 나은 것으로 보는 경향이 있기 때문에 이 관점은 난처한 상황을 만들어낸다. 예를 들어 영거에게 의존해서 가나안 족속의 문제를 풀려는 사람들은 그가 다음과 같이 선언할 때는 그를 인용하지 않는다.

이스라엘의 이데올로기는 "공포"의 이데올로기다. 적의 성읍의 주민을 진멸하는 것은 "계산된 무서움"의 이데올로기의 관행이다. 왕을 나무에

---

32   Webb and Oeste, *Bloody, Brutal, and Barbaric*, Appendix A.
33   그러나 수 10:20조차 과장의 예로 보는 것에 반대하는 견해는 G. K. Beale, *The Morality of God in the Old Testament*, Christian Answers to Hard Questions (Phillipsburg, NJ: P&R, 2013), 33-42을 보라.

매달아 처형하는 것 역시 고대 근종의 정복 이데올로기에 비추어 고려되어야 한다. 그런 관행들은 실제로 반대를 "누그려뜨렸다." 인구를 제거하는 것 역시 문화적 말살과 따라서 식민지화를 가속화했다.[34]

과장 주장은 그 과장 배후의 역사적 실재에 대한 추가적인 분석을 필요하게 만든다. 만일 이스라엘 백성이 가나안의 민간인을 학살하지 않았다면 실제로 무슨 일이 일어났는가? 가나안 족속에게 자행된 폭력에 대한 윤리적 방어로 과장을 제안하는 사람들에게는 일반적으로 과장 배후의 역사적 실재에 대한 두 가지 선택지가 제시되는데, 우리는 이 견해에 대한 마지막 두 단락에서 그것들을 살펴볼 것이다.

군사적 전투

한 가지 방법은 리처드 헤스(Richard Hess)를 통해 제공되는데, 그는 여호수아서에 기록된 살해는 민간인은 제외하고 군사적 전투에 국한되었다고 주장한다. 여리고와 아이의 정복 기사들은 민간인으로 가득 찬 정착된 성읍의 패배와 관련된 것처럼 보이지만, 헤스는 이 묘사의 각각의 부분이 어떻게 다르게 해석될 수 있는지를 보여준다.[35] 예를 들어 "성"이라는 단어는 요새를 가리킬 수 있으며(삼하 5:7; 12:26), 벽

---

34   Younger, Jr., *Ancient Conquest Accounts*, 233-34.
35   이 견해는 이스라엘의 정복 시기라고 알려진 때 여리고와 아이에 사람이 정착하지 않았다는 고고학적 문제도 해결한다.

들은 그 성 주위를 둘러싼 집들의 외벽들이었을 수도 있다. 여리고에 라합이 있었다는 사실이 반드시 다른 민간인들이 있었음을 암시하지는 않는다. 라합과 그녀의 가족이 그 성에서 유일한 비전투 요원이었을지도 모른다. 죽임당한 사람들을 가리키는 "남녀노소"라는 어구는 단순히 "모두"를 의미하는 상투어이고 문자적으로 민간인들과 아이들을 가리키는 말이 아닐 수도 있다. "왕"은 군사 지도자나 감독관을 가리킬 수도 있었다.[36] 존 몬슨(John Monson)은 비슷한 맥락에서 아이 성의 출입구는 실제로 인간이 만든 건축물이 아니라 지리적 지형이었다는 지리학적 증거를 제공한다.[37]

혜스의 주장의 주요 문제는 정복에 관한 그의 관점의 각각의 부분이 확실히 가능하기는 하지만 그의 주장이 통하려면 "가능한" 많은 해석이 결합해야 한다. 게다가 여리고를 군사 기지로 보는 것은 여리고를 지원할 힘과 부를 지닌 좀 더 강력한 중앙 정부가 존재했음을 암시할 것이다. 하지만 그 시기에 산지에 그런 강력한 정부가 존재했던 것으로는 알려지지 않았다. 아마르나 문서는 동부의 산기슭에 강력한

---

36   Richard S. Hess, "The Jericho and Ai of the Book of Joshua," in *Critical Issues in Early Israelite History*, ed. Richard S. Hess, Gerald A. Klingbeil, and Paul J. Ray, Jr., BBRSup 3 (Winona Lake, IN: Eisenbrauns, 2008), 33-46; Copan, *Is God a Moral Monster?*, 175-77.

37   John M. Monson, "Enter Joshua: The 'Mother of Current Debates' in Biblical Archaeology," in *Do Historical Matters Matter to Faith? A Critical Appraisal of Modern and Postmodern Approaches to Scripture*, ed. James K. Hoffmeier and Dennis R. Magary (Wheaton, IL: Crossway, 2012), 442-52.

군사 전진 기지를 설치하고 유지할 여유가 있는 정부가 존재했던 것이 아니라 작은 여러 도시 국가가 서로 싸우고 있었음을 보여준다. 마지막으로, 역사를 통틀어 대다수 군사 주둔지는 민간인과 가족들을 포함했다. 최전선의 기지 같은 일시적인 기지들에만 민간인이 없었을 것이다. 여리고가 군사 기지였다고 하더라도 그것은 좀 더 영구적인 주둔지였으며 그 안에 적어도 약간의 민간인이 살고 있었을 가능성이 큰 것으로 보인다. 실제로 포위 상황에서는 민간인들이 종종 방어를 위해 강화된 지역으로 피신했다. 만일 이스라엘 백성이 요새화된 성에서 싸운 것이 아니라 벌판에서 싸웠다면 헤스의 주장이 좀 더 잘 통할 것이다.

추방

과장 배후에 있을 수 있는 또 다른 실재는 추방이다. 즉 가나안 족속이 죽임을 당한 것이 아니라 가나안 땅을 떠나도록 강제되었다는 것이다.[38] 그러므로 앞서 언급된 바와 같이 출애굽기, 레위기, 민수기에 기록된 가나안 족속들에 관한 병행 텍스트들은 추방을 암시한다. 몇몇

---

38 Copan, *Is God a Moral Monster?*, 181-82; David T. Lamb, *God Behaving Badly: Is the God of the Old Testament Angry, Sexist and Racist?* (Downers Grove, IL: InterVarsity Press, 2011), 100-101(『내겐 여전히 불편한 하나님』, IVP 역간); Zehnder, "Annihilation of the Canaanites"; Copan and Flannagan, *Did God Really Command Genocide?*, 76-83; Butler, *Skeletons in God's Closet*, 232-33; L. Daniel Hawk, *The Violence of the Biblical God: Canonical Narrative and Christian Faith* (Grand Rapids: Eerdmans, 2019), 157; Webb and Oeste, *Bloody, Brutal, and Barbaric*, 231-62.

학자는 신명기에 기록된 **헤렘** 텍스트들이 앞선 텍스트들에 비추어 읽혀야 한다고 결론짓는다. 앞서 언급한 바와 같이 구약성경의 여러 곳에 기록된 다른 텍스트들도 여호수아서에 기록된 사건들을 추방의 관점에서 묘사한다(수 15:14; 24:18; 삿 1:20; 6:9; 11:23; 왕상 14:24). 초기 유대교 전통—기원전 150년 경에 쓰인 「희년서」에서 창세기에 기록된 사건들을 다시 말하기 등—은 가나안 땅이 셈에게 속했는데 가나안이 그것을 탈취했다고 기록한다.[39] 훨씬 후대의 유대교 전통은 여호수아가 가나안 족속들—특히 기르가스 족속—을 그들의 본고향인 이집트 서쪽의 북아프리카로 쫓아냈다고 묘사한다. (북아프리카 원주민의 한 종족인) 베르베르족의 일부는 중세 때 자기들이 가나안 족속의 후예라고 주장했다.[40] 전쟁에 진 쪽이 자기들의 성읍을 버린다는 개념은 사울이 패했을 때 이스라엘 백성이 자기들의 성읍을 버리고 도망간 데서도 뒷받침된다(삼상 31:7).

이 견해에는 두 가지 문제가 있다. 첫째, 앞서 언급된 바와 같이 여호수아서의 텍스트에서 추방은 죽이는 것보다 덜 자주 언급된다. 둘째, 제1차 세계대전 때 튀르키예가 아르메니아인들을 재배치한 데

---

39 Katell Berthelot, "The Canaanites Who 'Trusted in God': An Original Interpretation of the Fate of the Canaanites in Rabbinic Literature," *JJS* 62 (2011): 233-61.

40 Paul Fenton, "The Canaanites in Africa: The Origins of the Berbers according to Medieval Muslim and Jewish Authors," in *The Gift of the Land and the Fate of the Canaanites in Jewish Thought*, ed. Katell Berthelot, Joseph E. David, and Marc Hirshman (Oxford: Oxford University Press, 2014), 297-310.

서 볼 수 있듯이 민족 전체를 추방하는 것은 여전히 윤리적으로 심각한 문제다. 현대의 용어로 말하자면 이는 인종 청소라고 불리는데 코판과 플래너건은 이 점을 기꺼이 인정한다.[41] 가나안 족속의 진멸을 추방으로 보는 견해는 아마도 윤리적 문제를 완화하겠지만 문제를 해결하지는 못한다.

요약

요컨대 이 견해를 취하는 학자들은 다양한 방법을 통해 폭력적인 텍스트들이 윤리적으로 문제가 되지 않는다고 주장함으로써 구약성경의 해석을 재평가한다. 하나님이 끔찍한 일들을 명령하신 것처럼 보이지만, 우리가 성경 텍스트들을 세심하게 읽으면 그렇지 않음을 알게 된다는 것이다. 이 견해는 야웨가 대량 학살을 명령하시지 않았다고 주장함으로써 즉각적인 윤리적 이점이 있으며, 구약성경이 역사적 기록이라는 입장을 유지할 수 있다. 그러나 이 견해에는 많은 사람이 이 견해가 성경을 가지고 장난친다고 생각한다는 사회적 대가가 수반될 것이다. 혹자가 텍스트에 관한 이 해석이 옳다고 확신할지라도 많은 사람이 이 해석은—특히 이 특정한 해석의 유익이 아주 명백할 경

---

41   Copan and Flannagan, *Did God Really Command Genocide?*, 128-30, 326. 코판은 전에 가나안 족속의 멸망은 인종에 대한 증오에 기초한 것이 아니었기 때문에 그 것이 인종 학살이었음을 부인했다. Paul Copan, "Yahweh Wars and the Canaanites: Divinely Mandated Genocide or Corporate Capital Punishment? Responses to Critics," *Philosophia Christi* 11 (2009): 76-77을 보라.

우—텍스트를 미리 정해진 방법대로 읽기 위해 텍스트를 정해진 틀 속에 억지로 끼워 넣는다고 생각할 것이다.

7장

THE DESTRUCTION OF THE CANAANITES

구약성경에 기록된 폭력을 재평가하기

견해 4의 개요

마지막으로, 네 번째 범주에 속하는 학자들은 성경의 이야기들을 그 것들이 보편적으로 이해되는 대로 받아들이지만(두 번째 견해에 동의한 다), 폭력의 윤리를 재평가하여 야웨가 가나안 족속들을 다루신 것이 다양한 이유로 정당화된다고 주장한다. 이 견해를 취하는 학자들은 우리가 여호수아서에 기록된 사건들을 묘사할 때 "대량 학살"이라는 단어를 사용해야 하는지에 대해 의견을 달리한다. 몇몇 학자는 여호 수아서에 기록된 사건들이 UN의 대량 학살에 관한 선언에서 정의된 많은 기준을 충족하기 때문에 그 사건들에 대량 학살이라는 용어가 적용된다고 주장한다. 유진 메릴(Eugene Merrill)은 다음과 같이 명확한 의견을 제시한다. "그렇다면 대량 학살이 본질상 선한지 또는 악한지 는 문제가 될 수 없다. 거룩하신 하나님이 그것을 인가하셨다는 사실 이 그 문제를 해결한다."[1] 그러나 이 접근법과 견해 3의 주장들(과장이 나 추방 등)을 결합하는 학자들은 가나안 정복에 그 용어를 사용하기를 거부하는 경향이 있다.[2]

신비/주권

명령된 폭력을 방어하기 위해 종종 신비에 호소하는 주장이 제시된

---

1   Eugene H. Merrill, "The Case for Moderate Continuity," in *Show Them No Mercy: Four Views on God and Canaanite Genocide* (Grand Rapids: Zondervan, 2003), 93.
2   Webb and Oeste, *Bloody, Brutal, and Barbaric*, 172.

다. 하나님은 주권자이시고 인간은 그분의 길을 이해하지 못한다는 것이다.[3] 하워드 베트슈타인(Howard Wettstein)은 우리가 이런 텍스트들을 읽으면 하나님이 세상에서 무슨 일을 하고 계시는지 질문해도 대답을 듣지 못하는, 폭풍우 전의 욥과 비슷한 위치에 있게 된다고 주장한다.[4] 이 접근법은 종종 우리가 하나님이 어떤 분이신지를 좀 더 완전히 알 수 있도록 폭력적인 텍스트들을 정경 전체에 비추어 읽을 필요가 있다는 식으로 표현된다. 이 견해는 하나님의 폭력은 그분의 자비와 조화를 이루지 않는다고 본다.[5] 소셜미디어가 인기 영화의 예고편을 만들어 그것이 마치 다른 장르에 속하는 것처럼 묘사하는 현상은 사람들이 다른 텍스트들은 보지 않고 이런 폭력적인 텍스트들에 집착할 때 무슨 일이 일어나는지에 대한 예를 제공한다. 예를 들어 혹자가 "매리 포핀스"(Mary Poppins)에서 특정한 장면들을 선택적으로 선

---

3   Mark C. Murphy, "God Beyond Justice," in *Divine Evil? The Moral Character of the God of Abraham*, ed. Michael Bergmann, Michael J. Murray, and Michael C. Rea (Oxford: Oxford University Press, 2011), 150-67; Beale, *Morality of God in the Old Testament*, 12-16. 칼 바르트(Karl Barth)도 이 범주에 들어맞는 주장을 했다. Hofreiter, *Making Sense of Old Testament Genocide*, 215-19에 수록된 요약을 보라.

4   Howard Wettstein, "God's Struggles," in Bergmann, Murray, and Rea, *Divine Evil? The Moral Character of the God of Abraham*, 332-33.

5   Christopher Seitz, "Canon and Conquest: The Character of the God of the Hebrew Bible," in Bergmann, Murray, and Rea, *Divine Evil? The Moral Character of the God of Abraham*, 292-308; Kirsten Nielson, "The Violent God of the Old Testament: Reading Strategies and Responsibility," in *Encountering Violence in the Bible*, ed. Markus Zehnder and Hallvard Hagelia, The Bible in the Modern World 55 (Sheffield: Sheffield Phoenix, 2013), 207-15.

정해서 그것을 공포 영화로 묘사할 수 있다.[6] 하나님이 무거운 마음으로, 행해져야 할 일에 대해 슬퍼하시면서 행동하셨다는 스티븐 윌리엄스(Stephen Williams)의 주장은 이 접근법의 한 가지 이형(variation)이다.[7] 확실히 그리스도인들은 이 문제를 논의할 때 어느 정도 신적 주권에 호소해야 한다. 그러나 그것이 궁극적인 대답일 수도 있지만, 너무 빨리 하나님의 주권에 호소하는 것은 종종 좀 더 깊이 있는 연구를 방해하거나 그 주제에 관해 깊이 생각하기를 두려워한다는 것을 암시할 수도 있다. 그리고 이 방어가 부족하다고 생각하는 사람이 많다. 엔스(Enns)의 말마따나 **"이분이 정말 우리가 믿는 하나님, 곧 세상을 창조하셨고 세상을 사랑하시는 하나님이신가?"**[8]

가나안 족속의 사악함

가나안 족속에 대한 폭력이 정당하다고 주장하는 가장 흔한 논거 중 하나는 성경 텍스트들(창 15:16; 레 18:25; 신 9:4-5; 대하 28:3)과 우가리트 신화들에 기록되었듯이 가나안 족속이 사악했다는 것이다. 이 추

---

6   Dan Kimball, *How (Not) to Read the Bible: Making Sense of the Anti-Women, Anti-Science, Pro-Violence, Pro-Slavery and Other Crazy-Sounding Parts of Scripture* (Grand Rapids: Zondervan, 2020), 271-72.

7   Stephen N. Williams, "Could God Have Commanded the Slaughter of the Canaanites?," *TynBul* 63 (2012): 161-78. 유사한 사상은 Jeph Holloway, "The Ethical Dilemma of Holy War," Southwestern Journal of Theology 41 (1998): 62를 보라.

8   Enns, *Bible Tells Me So*, 41. 강조는 원저자의 것임.

론은 묵시 문학인 솔로몬의 지혜(로마 가톨릭 전통에서는 제2경전으로 불린다) 12장과 필론의 저작에서 나타나듯이 고대 때로 거슬러 올라간다.[9] 가나안 족속은 성적으로 부도덕하고, 우상을 숭배하며, 피에 굶주렸다고 묘사된다(이 마지막 비난은 그들을 진멸하라는 명령에 비추어 볼 때 아이러니하다고 보일 수도 있지만 말이다). 가나안 족속이 이런 식으로 행동했기 때문에 그런 벌을 받을 만했다는 것이다.[10] 신약성경은 가나안 족속이 야웨가 자기들이 어떻게 행동하기를 원하시는지 알았는데 그 명령을 거부했다고 암시한다(히 11:31). 좀 더 큰 그림에서 보면 우상 숭배는 심각한 문제이며 우주적 실재를 반영한다. 그 상황은 좀 더 강한 나라가 좀 더 약한 나라를 침략하는 것과 비교될 것이 아니라, 경찰이 질서를 회복하고 정의를 확립하기 위해 마피아의 은신처를 습격하는 것에 비교되어야 한다.[11] 그러나 이런 학자들 대다수는 가나안 족속들이 다른 민족들보다 더 악하지는 않았다는 데 의문을 제기하지

---

9 Arie Versluis, "The Early Reception History of the Command to Exterminate the anaanites," *Biblical Reception* 3 (2014): 310, 319-20.

10 Wright, *God I Don't Understand*, 92-93; Clay Jones, "We Don't Hate Sin So We Don't Understand What Happened to the Canaanites: An Addendum to 'Divine Genocide' Arguments," *Philosophia Christi* 11 (2009): 53-72; Copan, *Is God a Moral Monster?*, 59-61; Lamb, *God Behaving Badly*, 78-80; Sprinkle, *Fight*, 76; Copan and Flannagan, *Did God Really Command Genocide?*, 66-68; Butler, *Skeletons in God's Closet*, 233-40; Arie Versluis, *The Command to Exterminate the Canaanites: Deuteronomy 7*, OtSt 71 (Leiden: Brill, 2017), 354-57.

11 Copan, *Is God a Moral Monster?*, 167-68. Merrill, "Case for Moderate Continuity," 81-84도 보라.

않는다.[12] 그들은 일반적으로 세상에 평화와 질서를 확립하는 수단으로서 신적 분노와 심판의 중요성을 강조한다.[13] 특히 유대인 진영에서 가나안 족속의 진멸은 가나안에 대한 저주와도 연결되었다.[14] 마지막으로, 3장에서 묘사된 바와 같이 헤이저는 죄악된 네피림의 근절이 가나안 정복의 목적이었다고 주장한다.

그러나 관련된 성경 텍스트들을 인용할 때 이 주장은 그다지 명백하지 않다. 여호수아서는 가나안 족속의 사악함에 대해 전혀 언급하지 않는다. 우리가 그들의 악행을 인정한다고 하더라도 정복이 제한적이었다는 문제가 남는다. 왜 가나안 족속만 정죄를 받았는가? 그들이 다른 민족들보다 좀 더 악한 죄인들이었는가? 특히 레위기 18:3 같은 텍스트들이 가나안의 악함을 이집트의 악함과 연결한다는 점에 비추어 볼 때 이런 주장을 하기는 매우 어렵다고 생각된다. 그리고 윌리엄 웹(William Webb)과 고든 외스트(Gordon Oeste)는 단지 가나안 족

---

12 코판의 저작에서 인용한 다음 진술을 보라. "나는 가나안 족속들이 지금까지 존재했던 가장 악한 종족이었다고 주장하지 않는다. 그리고 가나안 족속들이 고대 근동에서 가장 행실이 나쁜 사람들이었다고 주장하지도 않는다"(Copan, *Is God a Moral Monster?*, 160).

13 Melvin Tinker, *Mass Destruction: Is God Guilty of Genocide?* (Welwyn Garden City, UK: Evangelical Press, 2017), 71-92.

14 Menahem Kister, "The Fate of the Canaanites and the Despoiliation of the Egyptians: Polemics among Jews, Pagans, Christians, and Gnostics: Motifs and Motives," in *The Gift of the Land and the Fate of the Canaanites in Jewish Thought*, ed. Katell Berthelot, Joseph E. David, and Marc Hirshman (Oxford: Oxford University Press, 2014), 68-74; Versluis, *Command to Exterminate the Canaanites*, 361.

속이 유죄였다는 이유만으로 그들이 어떤 벌이라도 받아야 했던 것은 아님을 지적한다. 민족으로서의 그들을 학살한 것은 불공정한 벌이었을 것이다.[15] 가나안 족속의 악행도 의문시되었다. 예를 들어 리처드 헤스는 서부 셈족의 지혜 전통은 가나안 족속이 모두 사악하지는 않았음을 보여준다고 주장한다.[16]

다른 방향에서 보자면, 존 월튼과 하비 월튼은 가나안 족속은 하나님과 언약 관계를 맺지 않았기 때문에 가나안 족속의 사악함과 야웨의 심판을 연결하는 것에 대해 맹렬히 반대한다.[17] 그들의 주장에 따르면 "죄와 벌을 가리키는 일반적인 히브리어 단어 중 어느 것도 가나안 족속이나 그들의 행동을 묘사하는 데 사용되지 않았다. 레위기 18장과 신명기 9장에 기록된 가나안 민족들에 대한 묘사는—맥락상으로 볼 때—신들의 종들에게 문제를 일으키도록 신들에 의해 세워졌다가 신들에 의해 진멸당한, 정복할 수 없는 야만인 무리들을 상기

---

15   Webb and Oeste, *Bloody, Brutal, and Barbaric*, 41-45.
16   Richard S. Hess, "'Because of the Wickedness of These Nations' (Deut 9:4-5): The Canaanites—Ethical or Not?," in *For Our Good Always: Studies on the Message and Influence of Deuteronomy in Honor of Daniel I. Block*, ed. Jason S. DeRouchie, Jason Gile, and Kenneth J. Turner (Winona Lake, IN: Eisenbrauns, 2013), 17-38. 그의 주장에 대한 답변은 Hélène M. Dallaire, "Taking the Land by Force: Divine Violence in Joshua," in *Wrestling with the Violence of God: Soundings in the Old Testament*, ed. M. Daniel Carroll R. and J. Blair Wilgus, BBRSup 10 (Winona Lake, IN: Eisenbrauns, 2015), 69-71을 보라.
17   Walton and Walton, *Lost World of the Israelite Conquest*, 75-166.

시킨다."[18]

가나안 땅의 독특성

몇몇 학자는 가나안 족속을 진멸하라는 명령에 대한 이유를 그들의
죄가 아니라 가나안 땅과 연결한다. 즉 가나안 족속은 단지 그들이 이
스라엘에게 약속된 땅에 살고 있었기 때문에 진멸 대상이 된다.[19] 6장
에서 언급된 바와 같이 초기 유대교 전통은 가나안 땅이 셈에게 속했
는데 가나안이 그것을 탈취했다고 기록한다. 좀 더 넓게 말하자면, 이
스라엘이 우상숭배로부터 보호되어야 하기 때문에 그 땅에서 가나안
족속의 종교가 제거될 필요가 있다.[20] 그러므로 가나안 족속이 그들
의 종교를 포기하면 그 땅에 머무를 수 있지만 포기하지 않으면 가나
안 땅에서 제거되어야 한다. L. 대니얼 호크(L. Daniel Hawk)는 가나안
족속의 죄를 심판하는 텍스트들은 가나안 땅에 대한 약속을 강조하는
맥락에서 발견된다고 지적한다.[21] 이 주장의 한 가지 이형은 가나안

---

18   Walton and Walton, *Lost World of the Israelite Conquest*, 256.

19   Copan and Flannagan, *Did God Really Command Genocide?*, 62-66. Joseph E. David,
      "Nahmanides on Law, Land, and Otherness," in *The Gift of the Land and the Fate
      of the Canaanites in Jewish Thought*, ed. Katell Berthelot, Joseph E. David, and Marc
      Hirshman (Oxford: Oxford University Press, 2014), 180-201에 수록된 나흐마니데
      스(Nahmanides)의 주장도 보라.

20   Merrill, "Case for Moderate Continuity," 86-87; Holloway, "Ethical Dilemma of
      Holy War," 56-57; Copan and Flannagan, *Did God Really Command Genocide?*, 68-
      70.

21   Hawk, *Violence of the Biblical God*, 144-45. 『하나님은 왜 폭력에 연루되시는가?』(새

땅을 야웨에 대한 예배만 허용하는 신성한 공간으로 본다.[22] 이 주장은 왜 학살 명령이 현대의 전쟁들에 대한 근거로 사용되어서는 안 되는지를 보여주는 데는 도움이 되지만, 가나안 족속 진멸의 윤리적 문제로 씨름하는 대다수 독자에게는 도움이 되지 않을 것이다.

관련이 있는 논의에서 엘리노어 스텀프(Eleonore Stump)는 아말렉 족속을 진멸하라는 명령은 "그들[이스라엘 백성]에게서 그들 안에 있는 치유될 필요가 있는 것을 치료함에" 있어 무엇이 효과가 없을지를 보여주기 위해 고안되었다고 생각한다. 달리 말하자면 죄악된 가나안 족속을 제거하더라도 이스라엘 백성의 죄 문제가 해결되지 않을 것이다. 따라서 다른 해결책이 필요했다. 정화된 가나안 땅조차도 이스라엘이 야웨와 맺은 언약을 깨뜨리지 않게 만들기에는 충분치 않을 터였다.[23] 그런 해석이 가능하기는 하지만 그것은 텍스트에서 언급되지

물결플러스 역간).

22 Webb and Oeste, *Bloody, Brutal, and Barbaric*, 249-61. 가나안 족속을 추방한 수단이 아니라 이유를 다루는 논문에서 개리 A. 앤더슨(Gary A. Anderson)은 다음과 같이 주장한다. "성경의 이해에서 이스라엘이 물려받을 땅은 특정한 신성함을 가져서 그것을 지구상의 다른 모든 땅과 다르게 만든다. 그 땅은 억압적이거나 음탕한 행동을 견디지 못한다(레 18:24-30을 보라). 하나님은 그분의 풍성한 자비 때문에 그런 행동을 일정 시점까지 참으실 것이다. 아브라함 시대에 가나안 족속에게는 그들의 행실을 고칠 400년이라는 기간이 주어졌다. 이스라엘 백성에게도 그들이 바빌로니아인들의 손에 의해 유배되기까지 비슷한 기간의 시간이 주어질 터였다"(Gary A. Anderson, "What about the Canaanites?," in Bergmann, Murray, and Rea, *Divine Evil? The Moral Character of the God of Abraham*, 282).

23 Eleonore Stump, "The Problem of Evil and the History of Peoples: Think Amalek," in Bergmann, Murray, and Rea, *Divine Evil? The Moral Character of the God of Abraham*, 194을 보라.

않으며 신약성경으로부터 거꾸로 읽을 것을 필요로 한다.

민족에 무관한, 죄에 대한 하나님의 심판

하나님의 폭력적인 행동들을 방어하기 위한 또 다른 흔한 논거는 그런 행동들은 민족성에 근거하지 않고 사람들과 하나님 사이의 관계에 근거한다는 것이다.[24] 한편으로 하나님은 언뜻 보는 것보다 가나안 족속에게 좀 더 은혜로우시다. 가나안 족속에게 시간과 회개할 기회가 주어진다. 그들의 심판은 이스라엘 백성이 가나안을 정복하기 수백 년 전에 창세기 15:16에서 선언된다.[25] 가나안 족속의 회개에 대한 가장 명확한 예는 야웨의 능력을 고백하고 이스라엘의 일원이 된 라합이다.[26] 여리고 성 주위를 여러 번 돈 것은 그들에게 돌이켜 야웨를 따를 기회로 의도되었을 수도 있다.[27] 성경 텍스트에는 구체적인 예

---

24   Copan, *Is God a Moral Monster?*, 163-65; Copan and Flannagan, *Did God Really Command Genocide?*, 70-74.

25   Lamb, *God Behaving Badly*, 39-41; Anderson, "What about the Canaanites?," 280.

26   Daniel I. Block, *Deuteronomy*, NIVAC (Grand Rapids: Zondervan, 2012), 485. William A. Ford, "What about the Gibeonites?," *TynBul* 66 (2015): 197-216도 보라. 다른 논문에서 포드는 가나안 족속을 긍정적 의미와 부정적 의미의 도전으로 봐야 한다고 제안한다. 경건한 가나안 족속의 예를 따른다는 의미에서 긍정적이고 이스라엘 백성이 가나안 족속처럼 행동할 경우 이스라엘에게 무슨 일이 일어날지에 관한 경고라는 의미에서 부정적이다(William A. Ford, "The Challenge of the Canaanites," *TynBul* 68 [2017]: 161-84).

27   Richard S. Hess, *Joshua: An Introduction and Commentary*, Tyndale Old Testament Commentaries (Downers Grove, IL: InterVarsity Press, 1996), 142-43; Copan, *Is God a Moral Monster?*, 178; Sprinkle, *Fight*, 79.

가 기록되지 않았지만, 초기 유대교 저작들에 따르면 여호수아가 가나안 성읍들이 정복되기 전에 그들에게 평화사절단을 보냈다. 유대교 전통은 성경에서 먼저 평화를 추구했다는 언급이 없이 야웨가 모세에게 시혼과 싸우라고 명령하셨지만 모세가 취했던 첫 번째 행동은 먼저 시혼에게 평화사절단을 보내는 것이었다고 지적한다(신 2:24-26).[28] 이 패턴은 가나안 족속을 진멸하라는 야웨의 명령에도 불구하고 이스라엘 백성이 평화사절단을 보냈음을 보여준다. 솔로몬의 지혜 12:10도 더딘 정복 속도는 가나안 족속에게 회개할 시간을 줄 필요 때문이었다고 말한다. 예언서는 하나님이 가나안 족속을 구속하려고 하셨다고 기록한다(슥 9:7).[29]

산지에서 발견되는 가나안 족속과 이스라엘 백성 사이의 고고학적 연속성 역시 많은 가나안 족속이 이스라엘 백성에 합류하기로 했다는 아이디어를 뒷받침할 수도 있다. 로손 스톤(Lawson Stone)은 여호수아 24장에 기록된 우상을 치워 버리라는 요구는 주로 이스라엘에 합류한 가나안 족속들을 겨냥했을 것이라고 주장한다.[30] 리처드 스원

---

28 유대교 문헌에 나타나는 이 입장에 관한 간략한 연구는 다음 문헌들을 보라(두 저자 모두 이 입장을 거부하지만 말이다). Jeffrey H. Tigay, *Deuteronomy*, The JPS Torah Commentary (Philadelphia: Jewish Publication Society, 1996), 472, 539; Moshe Weinfeld, "The Ban on the Canaanites in the Biblical Codes and Its Historical Development," in *History and Traditions of Early Israel: Studies Presented to Eduard Nelson, May 8th, 1993*, ed. André Lemaire and Benedikt Otzen, VTSup 50 (Leiden: Brill, 1993), 154-55.

29 Copan, *Is God a Moral Monster?*, 187-88; Wright, *God I Don't Understand*, 99-106.

30 Lawson G. Stone, "Early Israel and Its Appearance in Canaan," in *Ancient Israel's*

번(Richard Swinburne)은 심지어 가나안 족속의 진멸이 그들에게 좋은 기회를 제공했다고 말한다.

> 예를 들어, 물론 하나님은 가나안 족속을 사랑하신다. 그러나 영웅적 선택을 통해 우리의 성품을 형성할 기회를 가지는 것은 우리에게 좋듯이 그들에게도 좋다. 그런데 우리는 고통과 죽음에 직면해서야 그 기회를 가질 수 있게 된다. 그리고 나는 하나님이 가나안 족속(그들의 자녀를 포함한다) 중 몇 명에게 다른 사람 중 몇 명보다 짧은 수명의 선물을 주셨다고 하더라도 가나안 족속에게 잘못을 저지르신 것이 아님을 다시 강조한다. 만일 하나님이 계시다면 하나님은 그분의 수명의 "선물"이 그분이 정하시는 대로 길게 하시거나 짧게 하시는 일시적인 선물임을 매우 확실하게 밝히셨다.[31]

다른 한편으로 야웨는 이스라엘이 죄를 지으면 그들을 심판하기도 하신다. 이스라엘이 가나안 족속처럼 행동한다면 야웨는 자신이 가나안 족속을 심판하신 것과 같은 방식으로 이스라엘을 심판하실 것이다(레 18:28; 신 28:25-68).[32] 사사기의 끝에서 이스라엘의 성읍 기브아

History: An Introduction to Issues and Sources, ed. Bill T. Arnold and Richard S. Hess (Grand Rapids: Baker Academic, 2014), 155-56.

31 Richard Swinburne, "Reply to Morriston," in Bergmann, Murray, and Rea, Divine Evil? The Moral Character of the God of Abraham, 233.

32 Wright, God I Don't Understand, 95-96; Webb and Oeste, Bloody, Brutal, and

가 소돔과 고모라에 비교된 데서 예시되듯이(삿 19장을 창 19장과 비교하라) 이스라엘 백성이 가나안 족속들보다 악해졌을 때, 베냐민 지파가 사실상 **헤렘**에 처해졌다(삿 20장). 하나님은 인종차별주의자가 아니시고, 자신에게 반대하고 죄악된 방식으로 행동하는 모든 사람을 심판하신다. 하나님의 주된 적은 가나안 족속들이 아니라 죄다.

그러나 이 견해는 하나님과 폭력의 문제를 해결하는 것이 아니라 그 문제를 더 악화시킨다. 하나님은 다른 나라들을 폭력적으로 공격하실 뿐만 아니라 자신의 백성도 공격하신다.[33] 이스라엘이 가나안 족속을 죽이기 전에 사절을 보냈다는 아이디어가 위안이 되기는 하지만 여호수아서는 이 일이 일어났다는 증거를 별로 제공하지 않는다. 더구나 가나안 족속이 회개했다면 무슨 일이 일어났겠는가? 그래도 이스라엘이 그 땅을 받았겠는가? [하나님이] 아브라함에게 주신 약속에 무슨 일이 일어났겠는가?[34]

구속의 역정

윌리엄 웹은 다양한 성경 텍스트, 특히 집단적 처벌, 노예제, 여성의 역할과 관련된 텍스트들을 읽는 방법의 하나로 구속의 역정(歷程) 해

Barbaric, Appendix C.

33 Stark, *Human Faces of God*, 114–15.

34 Nicholas Wolterstorff, "Comments on 'What about the Canaanites?'" in Bergmann, Murray, and Rea, *Divine Evil? The Moral Character of the God of Abraham*, 287.

석학을 제안했다. 그의 해석학은 하나님이 자신의 백성을 그들의 문화적 위치에서 만나시지만, 그들에게 더 높은 윤리도 요구하신다는 점을 강조한다. 고든 외스트와 함께 쓴 책에서 웹은 구약성경에 기록된 전쟁 분야에서 자신의 역정 해석학을 자세히 전개했다.[35] 그들은 그 책의 상당 부분을 전쟁 텍스트들을 과장과 추방 관점에서 이해해야 한다고 주장하는 데 할애한다. 그러나 그들은 이런 주장이 윤리적 문제들을 해결한다고 보지 않는데, 그 점이 그들을 네 번째 견해를 옹호하는 학자들에 속하게 만든다. 그들은 하나님이 이스라엘 백성에게 그들의 문화적 맥락에서 이스라엘 백성이 행할 수 없었던 이상적인 선을 행하도록 요구하시지 않고, 그들에게 이상을 향한 윤리적 궤적을 시작하고 고대 근동의 잔학 행위들에서 멀어질 수 있는 길을 보여주심으로써 구약의 이스라엘 백성에게 자신을 적응시키셨다고 주장한다. 그러나 그 적응의 일부로서 몇몇 부정의가 이스라엘 백성의 삶에 깊이 새겨지게 되었다. 예를 들어 그들은 전쟁 신부 법(신 21:10-14)을 여전히 윤리적 문제가 있기는 하지만 그것과 유사한 법이 없고 전장의 강간이 자행되었던 고대 근동 문화보다는 진전된 법이라고 생각한다.[36] 그 법이 확실히 윤리적 이상이 아니고 포로가 된 여성에 대한 부정의를 자행하지만, 그 법은 그 여성이 다른 고대 근동 문화에 의해

---

35   Webb and Oeste, *Bloody, Brutal, and Barbaric*.
36   Webb and Oeste, *Bloody, Brutal, and Barbaric*, 84-127.

어떻게 다뤄졌을지에 비하면 부정의를 완화한다.

이 역정은 갈등이 없는 창조, 포로들을 죽이는 것을 금지함(왕하 6:8-23), 야웨가 다윗의 손으로 흘린 피 때문에 다윗이 성전을 짓는 것을 허락하지 않으심(대상 22:6-10; 28:3) 같은 "부자연스러운 전쟁의 신"을 묘사하는 텍스트들을 통해 구약성경에서 발견된다.[37] 위를 향한 이 역정은 모든 종류의 폭력을 거부하시는 예수에게서 계속되고, "내장된 부정의 없이 하나님이 인간의 상태에 맞추시지 않고 윤리적인 행동을 하시는 비전을 보여주는" 비폭력적인 종말론에서 절정에 도달하는데 그 비전은 곧 "종말론적 전사로서의 예수가 구약성경의 전쟁 전통을 변혁하시는 것이다."[38]

이 견해의 한가지 문제는 **헤렘**이라는 단어와 대량 학살처럼 보이는 사건들이 고대 근동에 비교적 드물다는 것이다. 앞서 언급된 바와 같이 몇몇 텍스트는 왕들이 정복된 성읍 안의 모든 사람을 죽였다고 선언하는 것을 기록하지만, 전면적인 **헤렘** 유형의 진멸은 흔하지 않다. 자신을 문화적 환경에 적응시키셔서 윤리적 무지 가운데 있는 이스라엘 백성을 만나시는 것이 아니라 그들을 자기들의 문화적 맥락 위로 끌어올리는 과정을 시작하시는 야웨는 표준적인 전쟁 패턴을 훨씬 뛰어넘으신 것처럼 보인다. 또 다른 문제는 구속의 해석학 자

---

37   Webb and Oeste, *Bloody, Brutal, and Barbaric*, 288-316.
38   Webb and Oeste, *Bloody, Brutal, and Barbaric*, 354.

체로서, 많은 복음주의자가 다른 주제들과 관련하여 그것을 거절했으며 이 대목에서도 그것을 거절할 가능성이 크다는 것이다.[39] 예를 들어 많은 학자가 의심할 나위 없이 웹과 외스트가 구약성경에서 야웨와 관련된 폭력적인 텍스트들에 대해 퍼붓는 비판의 수준에 대해 불편하게 생각할 것이다. 마지막으로, 몇몇 학자는 하나님이 왜, 특히 대량 학살처럼 매우 해로운 것에 관해, 이스라엘에게 좀 더 나은 삶의 패턴을 가르치시는 것이 아니라 자신을 그들에게 적응시키셔야 하는지를 질문할 수도 있을 것이다.[40]

홍수 및 출애굽과의 병행

가나안 족속에 대해 가해진 하나님의 폭력을 방어하기 위한 또 다른 주장은 홍수와 출애굽 사건에 나타난 병행에 호소한다.[41] 홍수의 윤리에 대해 문제를 느끼는 그리스도인은 가나안 족속에게 가해진 하나님의 폭력에 문제를 느끼는 그리스도인보다 적지만, 둘 사이에는 매우 현저한 병행이 존재한다. 즉 하나님이 남녀노소를 불문하고 많은 사람을 진멸하신다. L. 대니얼 호크는 홍수의 반(反)창조 주제를 강조한

---

39   예를 들어 Gary T. Meadors, ed., *Four Views on Moving Beyond the Bible to Theology* (Grand Rapids: Zondervan, 2009[『성경 어떻게 적용할 것인가』, 부흥과개혁사 역간])에 수록된, 웹의 제안에 대한 답변을 보라.

40   이 비판에 대한 그들의 답변은 Webb and Oeste, *Bloody, Brutal, and Barbaric*, Appendix E를 보라.

41   Walter C. Kaiser, Jr., *Toward Old Testament Ethics* (Grand Rapids: Zondervan, 1983), 268-69.

다. "야웨가 세상이 다시금 혼돈으로 되돌아가고 나서 그것을 새롭게 시작하시기 위해 창조세계의 불가피한 죽음의 소용돌이를 가속하시고 의인과 그의 가족 및 피조물의 모든 종의 쌍들을 구하신다."[42] 호크는 관련된 주장에서 두 사건 모두 "야웨가 구원, 언약, 상속을 통해 새로운 백성을 새로운 존재로 만드시는 창조 사역의 시작과 끝을 구성"하기 때문에 가나안 정복을 출애굽에 대한 병행으로 본다.[43]

물론 가나안 족속의 진멸을 비난하는 많은 사람은 홍수도 거부할 것이다. 더욱이 홍수와 가나안 족속에 대한 폭력은 똑같지 않다. 두 사건 사이의 주된 차이는 가나안 족속에 대한 처벌은 이스라엘의 군사들에 의해 집행된 반면 홍수 때의 처벌은 야웨의 통제하에 물에 의해 집행되었다는 것이다. 아마도 가나안 족속의 진멸은 이스라엘의 군사들에게 정신적인 충격을 주었을 것이고, 외상 후 스트레스 장애 및 기타 트라우마를 겪은 사람이 많았을 것이다. 하나님이 참으로 자신의 백성에게 그런 충격적인 행동을 하라고 명령하셨겠는가?[44] 이 학자들은 고대 때에는 전쟁이 삶의 좀 더 자연스러운 부분이었다고 답변한다. 우리가 뭔가 충격적인 요소를 발견한다는 이유만으로 그것이 반드시 악한 것은 아니다. 위생적인 교외에 살면서 수퍼마켓에서 깔끔하게 포장된 고기를 사는 사람들에게는 성전에서 드리는 제사들이 충

---

42   Hawk, *Violence of the Biblical God*, 44.
43   Hawk, *Violence of the Biblical God*, 151.
44   Rauser, "'Let Nothing That Breathes Remain Alive,'" 35-37.

격적이었을 것이다.[45] 호크는 또한 출애굽과 가나안 족속의 진멸 사이에 존재하는 인간의 개입의 차이는 범위의 문제일 뿐이라고 주장한다.[46]

종말의 심판과의 병행

앞 단락에서 설명된 요점과 유사한 주장으로서, 몇몇 학자는 가나안 족속의 진멸을 최후 심판과 비교함으로써 그 진멸을 방어한다.[47] 메러디스 클라인(Meredith Kline)은 가나안 정복은 "침입 윤리"의 예였다고 주장한다. 침입 윤리에서는 종말(마지막 때)의 삶의 통상적인 양상이 역사의 현재의 무대로 침입해 들어와 모든 사람에게 보편적으로 주어진 일반 은총을 교란한다.[48] 이 관점에서 보면 이런 사건들은 모든 인간이 받아 마땅한 최후 심판의 전조이기 때문에 이 사건들에서 이례적인 유일한 측면은 그것들이 일어나는 시기다. 필립 캐리(Phillip

---

45 Copan, *Is God a Moral Monster?*, 189-91.

46 Hawk, *Violence of the Biblical God*, 151.

47 Daniel I. Block, "How Can We Bless You? Wrestling with Divine Violence in Deuteronomy," in *Wrestling with the Violence of God: Soundings in the Old Testament*, ed. M. Daniel Carroll R. and J. Blair Wilgus, BBRSup 10 (Winona Lake, IN: Eisenbrauns, 2015), 46-47; Beale, *Morality of God in the Old Testament*, 17-30.

48 Meredith G. Kline, "The Intrusion and the Decalogue," *WTJ* 16 (1953): 1-22; Daniel L. Gard, "The Case for Eschatological Continuity," in *Show Them No Mercy: Four Views on God and Canaanite Genocide* (Grand Rapids: Zondervan, 2003), 129-41. Tremper Longman, "The Case for Spiritual Continuity," in *Show Them No Mercy: Four Views on God and Canaanite Genocide* (Grand Rapids: Zondervan, 2003), 183-87도 보라.

Cary)는 우리가 여호수아서에 기록된 이야기들을 읽을 때 가나안 족속의 관점에서 읽어야 하며 이 사건은 우리도 그런 운명을 당해 마땅하다는 점을 우리에게 상기시켜준다고 주장한다.[49]

아리 버슬루이스(Arie Versluis)는 가나안 족속이 어떻게 구약성경의 다른 곳에서 악의 상징이 되어 가나안 정복에 종말론적 색조를 부여하는지를 보여준다.[50] 이런 종말론적 독법은 하늘의 상징이 된(예를 들어 히 3-4장과 계 21-22을 보라) 가나안 땅이 흔히 종말과 관련지어진다는 사실을 통해 뒷받침된다. 가나안 정복이 긍정적인 종말론적 연결을 지닌다면 심판과 종말론적으로 연결되는 것도 놀랄 일이 아니다. 신약성경은 가나안 정복을 심판과 연결하지 않지만 소돔을 이런 식으로 사용한다. 예를 들어 베드로후서 2:6은 소돔이 경건치 않은 자들에게 무슨 일이 일어날지에 대한 예였다고 진술한다. 이런 언급들은 가나안 정복도 마찬가지로 종말의 심판에 대한 전조로 읽는 것을 장려한다.

그러나 종말론적 견해에도 많은 문제가 있다. 종말의 심판을 아예 부인하는 사람들은 이 견해가 도움이 된다고 생각하지 않을 것이다.[51] 그리고 구약성경은 개인 종말론을 거의 언급하지 않기 때문에

---

49   Phillip Cary, "We Are All Rahab Now," *Christianity Today*, July/August 2013, 26-29.

50   Versluis, *Command to Exterminate the Canaanites*, 358-62.

51   Stephen N. Williams, "Theological Horizons of Joshua," in *Joshua*, ed. J. Gordon McConville and Stephen N. Williams, Two Horizons (Grand Rapids: Eerdmans, 2010), 123. 지옥에 관한 예수의 말씀들은 기원후 70년에 예루살렘이 로마에게 정복

구약성경 만을 따로 떼어 읽어서는 이 견해에 도달할 가능성이 작으므로 이 견해는 성경을 전체로 읽을 것을 요구한다. 마지막으로, 종말론에 대한 병행이 존재함을 인정한다고 하더라도 구약성경에 기록된 전쟁의 세부내용들이 여전히 비판받을 수 있다. 예를 들어 아시리아와 바빌로니아에 의한 이스라엘 정복들 역시 종말론적 심판의 전조이지만 하나님은 이 나라들이 이스라엘 정복을 마무리한 방식으로 말미암아 그들을 심판하신다.[52]

아이들의 죽음

가나안 족속들을 죽인 것의 가장 곤혹스러운 측면은 아이들의 죽음이다. 무죄한 많은 아기를 학살한 것을 어떻게 합리화할 수 있는가? 라우저는 이것을 결코 아기들을 때리지 않아야 한다는 믿음(never ever bludgeon babies, 이하 "NEBB"라 함)이라고 부르는데, 많은 사람이 NEBB를 매우 기본적인 믿음으로 유지한다.[53] 구약성경의 해석을 재평가하는 견해와 구약성경에 기록된 폭력을 재평가하는 견해를 지지하는 많은 학자가 아이들이 실제로 죽었음을 부인하며, 따라서 이 주제를 다루지 않는다. 예를 들어 그 텍스트들을 과장이라고 보는 학자들은 가나안 족속 중 죽은 이들은 성인들뿐이었다고 말한다.

당한 것을 가리킨다는 주장은 Enns, *Bible Tells Me So*, 42-43을 보라.

52   Webb and Oeste, *Bloody, Brutal, and Barbaric*, 45-50.

53   Rauser, "'Let Nothing That Breathes Remain Alive,'" 33-35.

아이들이 죽임을 당했다고 생각하는 학자들은 다양한 윤리적 방어를 제공한다. 책임질 수 있는 나이에 관한 아이디어에 기초해서 아이들이 곧바로 하나님의 현존 앞으로 나아갔다는 것이 가능한 한 가지 답변이다.[54] 그럴 수도 있지만 책임질 수 있는 나이 개념은 특정한 성경 교리와는 거리가 멀고, 여호수아 시대의 이스라엘 백성 중 얼마나 많은 사람이 개인 종말론을 알고 있었을지도 불분명하다. 이 주장은 부모들이 자기 아이들이 곧바로 천국에 가도록 그들을 죽이는 현대의 사례들에 기인한 문제들도 지니고 있다. 우리가 왜 현대의 이런 사례는 정죄하면서 가나안 족속의 아이들을 죽인 것은 정죄하지 않아야 하는가?

또 다른 응답은 연대 책임(corporate solidarity) 개념과 관련이 있는데, 이 개념에서는 집단들이 구별된 개인들로서가 아니라 공동체로서 복과 저주를 함께 경험한다.[55] 오늘날의 많은 문화뿐만 아니라 고대의 많은 문화도 개인보다는 공동체를 좀 더 강조한다.[56] 전체로서의 가나안 족속들이 야웨를 거부하고 죄악되게 행동했기 때문에 전체로서의 그들에게 처벌이 임한다.[57] 자연히, 좀 더 개인주의적인 서구 세계의

---

54   Copan, *Is God a Moral Monster?*, 189.

55   Block, *Deuteronomy*, 485; Holloway, "Ethical Dilemma of Holy War," 61-62; Versluis, *Command to Exterminate the Canaanites*, 357-58.

56   E. Randolph Richards and Richard James, *Misreading Scripture with Individualist Eyes: Patronage, Honor, and Shame in the Biblical World* (Downers Grove, IL: IVP Academic, 2020).

57   이스라엘에서의 연대 책임에 관해 좀 더 자세한 내용은 Joel S. Kaminsky, *Corporate*

사람들은 그런 개념이 만족스럽다고 생각하지 않을 것이다.

요약

요컨대 네 번째 견해를 지지하는 학자들은 이 특정한 역사적 순간에 일어난 폭력의 윤리를 재평가함으로써 신적 폭력의 문제를 다룬다. 성경의 권위와 적절한 해석학에 관한 주장들이 선천적인 인간의 윤리에 관한 주장들을 뒤엎으며, 그들은 대량 학살처럼 보이는 사건에서 하나님의 역할을 방어하는 어려운 과제를 떠안는다.

확실히 이 주장의 주된 문제는 야웨를 폭력과 관련짓는다는 것인데, 그것은 많은 사람에게 경악스러울 것이다.[58] 그리고 이 입장은 여호수아서에 기록된 사건들을 사용하여 현대의 대량 학살들을 정당화할 가능성을 열어둔다. 왜 그것이 구약성경에서는 허용될 수 있고 오늘날에는 허용될 수 없는가라고 주장될 수 있다. 예를 들어 다니엘 하임바흐(Daniel Heimbach)는 십자군 윤리와 정당한 전쟁 윤리를 구분하며, 전자는 다음과 같은 세 가지 조건에서만 타당하다고 주장한다. (1) 하나님에 의해 특별하게 그리고 오직 하나님에 의해서만 시작된다, (2) 하나님에 의해서만 인도된다, (3) "참여하라고 요구되는 사람들에

Responsibility in the Hebrew Bible, JSOTSup 196(Sheffield: Sheffield Academic, 1995) 을 보라.

58 게르트 뤼데만(Gerd Lüdemann)의 말마따나 "어느 시기에든 대량 학살에 관해 다른 의견이 있을 수 없다"(Gerd Lüdemann, The Unholy in Holy Scripture: The Dark Side of the Bible, trans. John Bowden [Louisville: Westminster John Knox, 1997], 54).

게 **확인될 수 있는 방식으로** 하나님에 의해 특별하게 그리고 오직 하나님에 의해서만 시작된다."[59] 그러나 이 기준들은 여전히 하나님이 자신의 백성에게 오늘날 유사한 뭔가를 하라고 요구하실 수 있는 가능성을 허용한다. 교회의 역사에서 몇몇 사람이 여호수아서가 자기들의 폭력적인 행동에 대한 선례라고 주장한 데서 알 수 있듯이, 이것은 있을 법하지 않은 문제가 아니다(비록 어느 것도 하임바흐의 범주에서 십자군 윤리의 기준을 충족하지 못하겠지만 말이다).[60] 예를 들어 알프레드 케이브(Alfred Cave)는 어떻게 많은 식민지 개척자가 아메리카 원주민들에게 정확히 이 일을 저질렀는지를 자세히 묘사한다.[61]

미국인들이 북아메리카를 식민지로 삼을 때 로버트 그레이(Robert Gray)는 영국인들이 구약의 이스라엘 백성처럼 "좁은 땅"에 부자연스럽게 제

---

59   Daniel R. Heimbach, "Crusade in the Old Testament and Today," in *Holy War in the Bible: Christian Morality and an Old Testament Problem*, ed. Heath A. Thomas, Jeremy Evans, and Paul Copan (Downers Grove, IL: InterVarsity Press, 2013), 196. 강조는 원저자의 것임. 비슷한 주장은 다음 문헌들을 보라. Matthew Rowley, "The Epistemology of Sacralized Violence in the Exodus and Conquest," *JETS* 57 (2014): 63-84; Copan and Flannagan, *Did God Really Command Geno cide?*, 233-56.

60   이 증거에 대한 요약은 다음 문헌들을 보라. Hofreiter, *Making Sense of Old Testament Genocide*, 160-213; Jenkins, *Laying Down the Sword*, 99-141. 이스라엘과 팔레스타인 사이의 충돌에서 몇몇 유대인 정착자들은 팔레스타인 사람들에 관해 가나안 족속의 관점에서 말했다. Nur Masalha, "Reading the Bible with the Eyes of the Canaanites: Neo-Zionism, Political Theology and the Land Traditions of the Bible (1967 to Gaza 2009)," *Holy Land Studies* 8 (2009): 58-59.

61   Alfred A. Cave, "Canaanites in a Promised Land: The American Indian and the Providential Theory of Empire," *American Indian Quarterly* 12 (1988): 277-97.

한된 "위대한 민족"이 되었다고 선언했다. 영국의 위대함과 좀 더 많은 영토에 대한 경제적 필요를 아신 하나님이 영국에게 버지니아를 영국의 가나안으로 제공하셨다. 북아메리카는 아메리카 인디언들에게 속했다고 반대를 제기할 수도 있는 가능성에 맞서 그레이는 하나님이 "지구를 사람의 자녀들에게 주셨지만" 버지니아의 원주민들은 "짐승의 본성"에 참여했기 때문에 그 선물을 공유할 수 없다고 선언했다. 그레이는 "그들의 경건치 않은 무지와 신성 모독적인 우상숭배"에 비추어 볼 때 인디언들은 "가장 거칠고 야만적인 본성을 지닌 짐승들보다 못하다"고 주장했다.[62]

이 네 번째 범주에는 성경을 높게 본다는 장점과 단순하게 해석한다는 장점이 있다. 그럼에도 이 견해에도 큰 대가가 수반된다. 즉 그 견해는 야웨를 대량 살인과 비슷한 일에 연루시킨다. 혹자가 자신이 이 견해를 방어하고 그 믿음을 가지고 살 수 있다고 생각할지라도, 다른 많은 사람이 그런 하나님을 거부하고 그런 하나님을 따르는 사람이 제정신이고 동정심이 있는지에 대해 의문을 제기할지도 모른다는 사회적 대가가 수반될 것이다.[63] 그리고 이 믿음은 복음 전도를 좀 더 어려워지게 할 것이다.

---

62   Cave, "Canaanites in a Promised Land," 283.
63   예를 들어 리처드 도킨스는 이 이슈 때문에 윌리엄 레인 크레이그(William Lane Craig)와의 토론을 거부했다. http://www.theguardian.com/commentisfree/2011/oct/20/richard-dawkins-william-lane-craig. Accessed July 30, 2020을 보라.

나는 많은 독자가 이제 그 문제에 관해 좀 더 많이 알게 되었지만 어
떤 답변을 택해야 할지 알지 못할 수도 있다고 예상한다. 당신은 이 책
을 읽기 시작했을 때보다 그 문제에 관해 더 모르겠다고 생각할지도
모른다! 나는 이 입장이 허용될 수 있다고 생각한다. 우리가 신앙을
위해 특정한 입장을 가져야 하는 것은 아니다. 나는 이 점에 관해 요한
복음 6장에 기록된 이야기와 비교하는 것이 유익하다는 것을 알았다.
"인자의 살을 먹지 아니하고 인자의 피를 마시지 아니하면 너희 속에
생명이 없느니라"(요 6:53)라는 예수의 진술은 군중에게 잘 받아들여
지지 않으며, 많은 사람이 그를 떠난다. 예수는 제자들에게 그들도 떠
나려고 하는지 물으신다. 베드로가 "주여, 영생의 말씀이 주께 있사오
니 우리가 누구에게로 가오리이까?"라고 대답한다(요 6:66-68). 베드
로가 직접 이렇게 말하지는 않지만, 이 진술의 언외의 의미(subtext)는
제자들도 예수의 진술에 대해 군중만큼 불쾌해졌다는 것처럼 보인다.
그러나 군중과 달리 예수에 대한 제자들의 믿음은 흔들리기는 했을지
라도 무너지지는 않았다. 그들은 예수가 최근에 하신 진술이 곤혹스
럽기는 하지만 자기들의 믿음의 큰 개요 안에서 예수가 아무도 갖고
있지 않은 생명의 말씀을 지니고 계신다는 것을 알았다.

브래드 켈리는 성경에 의해 야기되었을 수도 있는 도덕적 상처에 대해 논의하면서 탄식을 앞으로 나아가는 유익한 방법이라고 말한다.[1] 시편에 기록된 탄식들은 사람들에게 그들의 문제를 하나님 앞으로 가져오고 심지어 그들의 분투에서 하나님의 역할에 대해 하나님을 꾸짖기도 할 수 있는 길을 제공한다. 예를 들어 시편 13편은 "여호와여, 어느 때까지니이까? 나를 영원히 잊으시나이까? 주의 얼굴을 나에게서 어느 때까지 숨기시겠나이까?"라고 시작한다(시 13:1). 그러나 탄식들은 이스라엘 백성을 그들의 슬픔 가운데서 하나님을 신뢰할 수 있는 장소로 다시 데려온다. 이 과정은 일반적으로 그들의 외부 환경이 개선되는 쪽으로 상황이 변화되어 일어나는 것이 아니라 기도(시 13:3-4), 관점의 변화(시 73:16-28), 과거에 하나님이 보여주신 신실하심에 대한 기억(시 77:10-20), 자신에게 신학적 진리를 말하기(시 42:5-6), 하나님의 말씀 묵상(시 1편) 같은 다른 수단을 통해 일어난다. 이런 탄식들이 우리에게 구약성경에 기록된 어려운 텍스트들에 접근할 수 있는 길을 제공할 수 있다. 그 탄식들은 이런 텍스트들에 관한 우리의 슬픔에 관해 하나님께 말씀드리지만, 하나님이 반드시 "마법의 해법"을 제공하심으로써 우리의 문제를 즉각적으로 해결하실 것으로 기대하지는 말도록 우리를 초대한다. 대신 우리는 탄식들처럼 하나님께 대한 우리의 믿음을 회복하는 과정을 기대해야 한다. 이 일은 공동체

---

1   Kelle, *Bible and Moral Injury*, 165-66.

에서 가장 잘 일어난다. 시편에 기록된 많은 탄식의 공동체적 성격은 신자들에게 그들 역시 함께 탄식하라고 격려한다.

그리스도인으로서 나는 확실히 그런 견해를 이해할 수는 있지만 하나님과 성경을 모두 버리는 첫 번째 견해를 동정적으로 거부한다. 그러나 이 책의 서두에서 언급한 바와 같이 나의 목표는 다른 세 가지 선택지 중에서 가나안 족속 진멸의 문제에 대한 "옳은 해답"을 납득시키는 것이 아니다. 대신 나는 내가 당신으로 하여금 그 문제에 관해 좀 더 깊이 생각해보도록 고취했고 당신이 그 문제에 대한 다양한 해법을 좀 더 잘 이해했기를 소망한다. 당신이 당신의 그리스도인 공동체의 맥락에서 이 문제를 두고 계속 씨름할 때 "영생의 말씀"을 지닌 분(요 6:68)을 계속 따르기를 기원한다.

참고 문헌

Ahituv, Shmuel. *Echoes from the Past: Hebrew and Cognate Inscriptions from the Biblical Period.* Jerusalem: Carta, 2008.

Anderson, Gary A. "What about the Canaanites?" in *Divine Evil? The Moral Character of the God of Abraham.* Edited by Michael Bergmann, Michael J. Murray, and Michael C. Rea. Oxford: Oxford University Press, 2011, 269-82.

Assmann, Jan. "Zum Konzept der Fremdheit im alten Ägypten" in *Die Begegnung mit dem Fremden: Wertungen und Wirkungen in Hochkulturen vom Altertum bis zur Gegenwart.* Edited by M. Schuster. Colloquium Rauricum 4. Stuttgart: Teubner, 1996, 77-99.

Avalos, Hector. *Fighting Words: The Origins of Religious Violence.* Amherst, NY: Prometheus, 2005.

Baines, John. "Ancient Egyptian Kingship: Official Forms, Rhetoric, Context" in *King and Messiah in Israel and the Ancient Near East: Proceedings of the Oxford Old Testament Seminar.* Edited by John Day. JSOTSup 270. Sheffield: Sheffield Academic, 1998, 16-53.

Bandy, Alan S. "Vengeance, Wrath and Warfare as Images of Divine Justice in John's Apocalypse" in Holy War in the Bible: Christian Morality and an Old Testament Problem. Edited by Heath A. Thomas, Jeremy Evans, and Paul Copan. Downers Grove, IL: InterVarsity Press, 2013, 108-29.

Barker, Dan. *God: The Most Unpleasant Character in All Fiction.* New York: Sterling, 2016.

Bauman, Zygmunt. *Modernity and the Holocaust.* Ithaca, NY: Cornell University Press, 2000.

Beale, G. K. *The Morality of God in the Old Testament*. Christian Answers to Hard Questions. Phillipsburg, NJ: P&R, 2013.

Bergmann, Michael, Michael Murray, and Michael Rea. "Introduction" in *Divine Evil? The Moral Character of the God of Abraham*. Edited by Michael Bergmann, Michael Murray, and Michael Rea. Oxford: Oxford University Press, 2011, 1-21.

Berlejung, Angelika. "Shared Fates: Gaza and Ekron as Examples for the Assyrian Religious Policy in the West." in *Iconoclasm and Text Destruction in the Ancient Near East and Beyond*. Edited by Natalie Naomi May. Oriental Institute Seminars 8. Chicago: Oriental Institute, 2012, 151-74.

Berthelot, Katell. "The Canaanites Who 'Trusted in God': An Original Interpretation of the Fate of the Canaanites in Rabbinic Literature." *JJS* 62 (2011): 233-61.

_____. "Where May Canaanites Be Found? Canaanites, Phoenicians, and Others in Jewish Texts from the Hellenistic and Roman Periods" in *The Gift of the Land and the Fate of the Canaanites in Jewish Thought*. Edited by Katell Berthelot, Joseph E. David, and Marc Hirshman. Oxford: Oxford University Press, 2014, 253-74.

Block, Daniel I. *Deuteronomy*. NIVAC. Grand Rapids: Zondervan, 2012.

_____. "How Can We Bless You? Wrestling with Divine Violence in Deuteronomy" in *Wrestling with the Violence of God: Soundings in the Old Testament*. Edited by M. Daniel Carroll R. and J. Blair Wilgus. BBRSup 10. Winona Lake, IN: Eisenbrauns, 2015, 31-50.

Boyd, Gregory A. *Crucifixion of the Warrior God: Interpreting the Old Testament's Violent Portraits of God in Light of the Cross*. 2 vols. Minneapolis: Fortress, 2017.

Brehm, Hollie Nyseth. "Re-Examining Risk Factors of Genocide." *Journal of Genocide Research* 19 (2017): 61-87.

Brueggemann, Walter. *Divine Presence Amid Violence: Contextualizing the Book of Joshua*. Eugene, OR: Cascade, 2009.

Bryce, Trevor. *Letters of the Great Kings of the Ancient Near East: The Royal Correspondence of the Late Bronze Age*. London: Routledge, 2003.

Butler, Joshua Ryan. *The Skeletons in God's Closet: The Mercy of Hell, the Surprise of Judgment, the Hope of Holy War*. Nashville: Nelson, 2014.

Caminos, Ricardo A. *Late-Egyptian Miscellanies*. Brown Egyptological Studies 1. London: Oxford University Press, 1954.

Cary, Phillip. "We Are All Rahab Now." *Christianity Today*, July/August 2013, 26-29.

Cave, Alfred A. "Canaanites in a Promised Land: The American Indian and the Providential Theory of Empire." *American Indian Quarterly* 12 (1988): 277-97.

Chalk, Frank, and Kurt Jonassohn. *The History and Sociology of Genocide: Analyses and Case Studies*. New Haven: Yale University Press, 1990.

Charny, Israel. "Toward a Generic Definition of Genocide" in *Genocide: Conceptual and Historical Dimensions*. Edited by George J. Andreopoulos. Philadelphia: University of Pennsylvania Press, 1994, 64-94.

Collins, John J. *Does the Bible Justify Violence?* Facets. Minneapolis: Fortress Press, 2004.

_____. "The God of Joshua." *SJOT* 28 (2014): 212-28.

Copan, Paul. *Is God a Moral Monster? Making Sense of the Old Testament God*. Grand Rapids: Baker, 2011.

_____. "Yahweh Wars and the Canaanites: Divinely Mandated Genocide or Corporate Capital Punishment? Responses to Critics." Philosophia Christi 11 (2009): 73-90.

Copan, Paul, and Matthew Flannagan. *Did God Really Command Genocide? Coming to Terms with the Justice of God*. Grand Rapids: Baker, 2014.

Cowles, C. S. "The Case for Radical Discontinuity" in *Show Them No Mercy: Four Views on God and Canaanite Genocide*. Grand Rapids: Zondervan, 2003, 11-46.

Creach, Jerome F. D. *Violence in Scripture. Interpretation*. Louisville: Westminster John Knox, 2013.

Crossan, John Dominic. *How to Read the Bible and Still Be a Christian: Struggling with Divine Violence from Genesis to Revelation*. New York: HarperOne, 2015.

Crouch, Carly L. *War and Ethics in the Ancient Near East: Military Violence in Light of Cosmology and History*. BZAW 407. Berlin: de Gruyter, 2009.

Cruise, Charles. "A Methodology for Detecting and Mitigating Hyperbole in Matthew 5:38-42." *JETS* 61 (2018): 83-104.

Dallaire, Hélène M. "Taking the Land by Force: Divine Violence in Joshua" in *Wrestling with the Violence of God: Soundings in the Old Testament*. Edited by M. Daniel Carroll R. and J. Blair Wilgus. BBRSup 10. Winona Lake, IN: Eisenbrauns, 2015, 51-74.

David, Joseph E. "Nahmanides on Law, Land, and Otherness"in *The Gift of the Land and the Fate of the Canaanites in Jewish Thought*. Edited by Katell Berthelot, Joseph E. David, and Marc Hirshman. Oxford: Oxford University Press, 2014, 180-201.

Davies, Eryl W. *The Immoral Bible: Approaches to Biblical Ethics*. London: T&T Clark, 2010.

Dawkins, Richard. *The God Delusion*. Boston: Mariner, 2006.

Dossin, Georges. "Une mention de Cananéens dans une lettre de Mari." *Syria* 50.3/4 (1973): 277-82.

Earl, Douglas. "The Christian Significance of Deuteronomy 7." *JTI* 3 (2009): 41-62.

_____. "Holy War and 慄: A Biblical Theology of 慄" in *Holy War in the Bible: Christian Morality and an Old Testament Problem*. Edited by Heath A. Thomas, Jeremy Evans, and Paul Copan. Downers Grove, IL: InterVarsity Press, 2013, 152-75

_____. *The Joshua Delusion? Rethinking Genocide in the Bible*. Eugene, OR: Cascade, 2010.

_____. *Reading Joshua as Christian Scripture*. JTISup 2. Winona Lake, IN: Eisenbrauns, 2010.

Enns, Peter. *The Bible Tells Me So: Why Defending Scripture Has Made Us Unable to Read It*. New York: HarperOne, 2014.

Fales, Evan. "Satanic Verses: Moral Chaos in the Holy Writ" in *Divine Evil? The Moral Character of the God of Abraham*. Edited by Michael Bergmann, Michael J. Murray, and Michael C. Rea. Oxford: Oxford University Press, 2011, 91–108.

Fenton, Paul. "The Canaanites in Africa: The Origins of the Berbers according to Medieval Muslim and Jewish Authors" in *The Gift of the Land and the Fate of the Canaanites in Jewish Thought*. Edited by Katell Berthelot, Joseph E. David, and Marc Hirshman. Oxford: Oxford University Press, 2014, 297–310.

Filer, Joyce M. "Ancient Egypt and Nubia as a Source of Information for Cranial Injuries" in *Material Harm: Archaeological Studies of War and Violence*. Edited by John Carman. Glasgow: Cruithne, 1997, 47–74.

Fleming, Daniel E. "The Amorites" in *The World around the Old Testament*. Edited by Bill T. Arnold and Brent A. Strawn. Grand Rapids: Baker Academic, 2016, 1–30.

_____. *Democracy's Ancient Ancestors: Mari and Early Collective Governance*. Cambridge: Cambridge University Press, 2004.

Flood, Derek. *Disarming Scripture: Cherry-Picking Liberals, Violence-Loving Conservatives, and Why We All Need to Learn to Read the Bible Like Jesus Did*. San Francisco: Metanoia, 2014.

Ford, William A. "The Challenge of the Canaanites." *TynBul* 68 (2017): 161–84.

_____. "What about the Gibeonites?" *TynBul* 66 (2015): 197–216.

Fretheim, Terence E. "Violence and the God of the Old Testament" in *Encountering Violence in the Bible*. Edited by Markus Zehnder and Hallvard Hagelia. The Bible in the Modern World 55. Sheffield: Sheffield Phoenix, 2013, 108–27.

Fricker, Miranda. "The Relativism of Blame and Williams' Relativism of Distance." *Proceedings of the Aristotelian Society Supplementary* 84 (2010): 151-77.

Gard, Daniel L. "The Case for Eschatological Continuity" in *Show Them No Mercy: Four Views on God and Canaanite* Genocide. Grand Rapids: Zondervan, 2003, 111-44.

Glassner, J.-J. *Mesopotamian Chronicles*. Edited by Benjamin R. Foster. SBLWAW 19. Atlanta: Society of Biblical Literature, 2004.

Harris, Dana M. "Understanding Images of Violence in the Book of Revelation" in *Encountering Violence in the Bible*. Edited by Markus Zehnder and Hallvard Hagelia. The Bible in the Modern World 55. Sheffield: Sheffield Phoenix, 2013, 148-64.

Hawk, L. Daniel. *The Violence of the Biblical God: Canonical Narrative and Christian Faith*. Grand Rapids: Eerdmans, 2019.

Hays, Richard B. *The Moral Vision of the New Testament: A Contemporary Introduction to New Testament Ethics*. San Francisco: HarperCollins, 1996.

Heimbach, Daniel R. "Crusade in the Old Testament and Today" in *Holy War in the Bible: Christian Morality and an Old Testament Problem*. Edited by Heath A. Thomas, Jeremy Evans, and Paul Copan. Downers Grove, IL: InterVarsity Press, 2013, 179-200.

Heiser, Michael S. *The Unseen Realm: Recovering the Supernatural Worldview of the Bible*. Bellingham, WA: Lexham, 2015.

Hess, Richard S. "'Because of the Wickedness of These Nations' (Deut 9:4-5): The Canaanites—Ethical or Not?" in *For Our Good Always: Studies on the Message and Influence of Deuteronomy in Honor of Daniel I*. Block. Edited by Jason S. DeRouchie, Jason Gile, and Kenneth J. Turner. Winona Lake, IN: Eisenbrauns, 2013, 17-38.

_____. "The Jericho and Ai of the Book of Joshua" in *Critical Issues in Early Israelite History*. Edited by Richard S. Hess, Gerald A. Klingbeil, and Paul J. Ray, Jr. BBRSup 3. Winona Lake, IN: Eisenbrauns, 2008, 33-46.

_____. _Joshua: An Introduction and Commentary_. Tyndale Old Testament Commentaries. Downers Grove, IL: InterVarsity Press, 1996.

Hoffman, Yair. "The Deuteronomistic Concept of the Herem." _ZAW_ 111 (1999): 196–210.

Hofreiter, _Christian. Making Sense of Old Testament Genocide: Christian Interpretations of Herem Passages._ Oxford Theology and Religion Monographs. Oxford: Oxford University Press, 2018.

Holloway, Jeph. "The Ethical Dilemma of Holy War." _Southwestern Journal of Theology_ 41 (1998): 44–69.

Holloway, Steven W. _Aššur Is King! Aššur Is King! Religion in the Exercise of Power in the Neo-Assyrian Empire._ CHANE 10. Leiden: Brill, 2002.

Jenkins, Philip. _Laying Down the Sword: Why We Can't Ignore the Bible's Violent Verses._ New York: HarperOne, 2011.

Jones, Adam. _Genocide: A Comprehensive Introduction._ 3rd ed. New York: Routledge, 2017.

Jones, Clay. "We Don't Hate Sin So We Don't Understand What Happened to the Canaanites: An Addendum to 'Divine Genocide' Arguments." _Philosophia Christi_ 11 (2009): 53–72.

Kaiser, Walter C., Jr. _Toward Old Testament Ethics._ Grand Rapids: Zondervan, 1983.

Kaminsky, Joel S. _Corporate Responsibility in the Hebrew Bible._ JSOTSup 196. Sheffield: Sheffield Academic, 1995.

Kelle, Brad E. _The Bible and Moral Injury: Reading Scripture Alongside War's Unseen Wounds._ Nashville: Abingdon, 2020.

Kiernan, Ben. _Blood and Soil: A World History of Genocide and Extermination from Sparta to Darfur._ New Haven: Yale University Press, 2009.

Kimball, Dan. _How (Not) to Read the Bible: Making Sense of the AntiWomen, Anti-Science, Pro-Violence, Pro-Slavery and Other Crazy-Sounding Parts of Scripture._ Grand Rapids: Zondervan, 2020.

Kister, Menahem. "The Fate of the Canaanites and the Despoiliation of the

Egyptians: Polemics among Jews, Pagans, Christians, and Gnostics: Motifs and Motives" in *The Gift of the Land and the Fate of the Canaanites in Jewish Thought*. Edited by Katell Berthelot, Joseph E. David, and Marc Hirshman. Oxford: Oxford University Press, 2014, 66-111.

Kline, Meredith G. "The Intrusion and the Decalogue." *WTJ* 16 (1953): 1-22.

Kuhrt, Amélie. *The Ancient Near East c. 3000-330 BC*. 2 vols. Routledge History of the Ancient World. London: Routledge, 1995.

Lamb, David T. *God Behaving Badly: Is the God of the Old Testament Angry, Sexist and Racist?* Downers Grove, IL: InterVarsity Press, 2011.

Layard, Austen H. *A Second Series of the Monuments of Nineveh Including Bas-Reliefs from the Palace of Sennacherib and Bronzes from the Ruins of Nimroud from Drawings Made on the Spot During a Second Expedition to Assyria*. London: J. Murray, 1853.

Lemkin, Raphaël. *Axis Rule in Occupied Europe: Laws of Occupation, Analysis of Government, and Proposals for Redress*. Washington, DC: Carnegie Endowment for International Peace, 1944.

Lemos, T. M. "Dispossessing Nations: Population Growth, Scarcity, and Genocide in Ancient Israel and Twentieth-Century Rwanda" in *Ritual Violence in the Hebrew Bible: New Perspectives*. Edited by Saul M. Olyan. Oxford: Oxford University Press, 2015, 27-66.

Levene, Mark. *Genocide in the Age of the Nation-State 1: The Meaning of Genocide*. London: Tauris, 2005.

Lieberman, Benjamin. "'Ethnic Cleansing' versus Genocide?" in The Oxford Handbook of Genocide Studies. Edited by Donald Bloxham and A. Dirk Moses. Oxford: Oxford University Press, 2010, 42-60.

Lienhard, Joseph T., ed. *Exodus, Leviticus, Numbers, Deuteronomy*. Ancient Christian Commentary on Scripture. Downers Grove, IL: InterVarsity Press, 2001.

Longman, Tremper. "The Case for Spiritual Continuity" in *Show Them No Mercy:*

Four Views on God and Canaanite Genocide. Grand Rapids: Zondervan,
2003, 159-90

Lüdemann, Gerd. *The Unholy in Holy Scripture: The Dark Side of the Bible*.
Translated by John Bowden. Louisville: Westminster John Knox, 1997.

MacDonald, Nathan. *Deuteronomy and the Meaning of "Monotheism."* FAT 2:1.
Tübingen: Mohr Siebeck, 2003.

Mafico, Temba L. J. "Joshua" in T*he Africana Bible: Reading Israel's Scriptures from
Africa and the African Diaspora*. Edited by Hugh R. Page Jr. Minneapolis:
Fortress, 2010, 115-19.

Masalha, Nur. "Reading the Bible with the Eyes of the Canaanites: Neo-Zionism,
Political Theology and the Land Traditions of the Bible (1967 to Gaza 2009)."
Holy Land Studies 8 (2009): 55-108.

Maul, Stefan M. *Zukunftsbewältigung: Eine Untersuchung altorientalischen Denkens
anhand der babylonisch-assyrischen Löserituale (Namburbi)*. Baghdader
Forschungen 18. Mainz: von Zabern, 1994.

Meadors, Gary T., ed. *Four Views on Moving Beyond the Bible to Theology*. Grand
Rapids: Zondervan, 2009.

Melville, Sarah C. "Win, Lose, or Draw? Claiming Victory in Battle" in *Krieg und
Frieden im Alten Vorderasien: 52e Rencontre Assyriologique Internationale
International Congress of Assyriology and Near Eastern Archaeology Münster,
17.-21. Juli 2006*. Edited by Hans Neumann, Reinhard Dittmann, Susanne
Paulus, Georg Neumann, and Anais Schuster-Brandis. AOAT 401. Münster:
Ugarit-Verlag, 2014, 527-37.

Merrill, Eugene H. "The Case for Moderate Continuity" in *Show Them No Mercy:
Four Views on God and Canaanite Genocide*. Grand Rapids: Zondervan,
2003, 61-98.

Moberly, R. W. L. "Election and the Transformation of Ḥērem" in *The Call of
Abraham: Essays on the Election of Israel in Honor of Jon D. Levenson*. Edited
by Gary A. Anderson and Joel S. Kaminsky. Christianity and Judaism in
Antiquity 19. Notre Dame: University of Notre Dame Press, 2013, 67-89.

_____. *Old Testament Theology: Reading the Hebrew Bible as Christian Scripture.* Grand Rapids: Baker Academic, 2013.

_____. "Toward an Interpretation of the Shema"in *Theological Exegesis: Essays in Honor of Brevard S. Childs.* Edited by Christopher Seitz and Kathryn Greene-McCreight. Grand Rapids: Eerdmans, 1999, 124-44.

Moll, Sebastian. *The Arch-Heretic Marcion.* WUNT 250. Tübingen: Mohr Siebeck, 2010.

Monroe, Lauren A. S. "Israelite, Moabite and Sabaean War-Herem Traditions and the Forging of National Identity: Reconsidering the Sabaean Text RES 3945 in Light of Biblical and Moabite Evidence." *VT* 57 (2007): 318-41.

_____. *Josiah's Reform and the Dynamics of Defilement: Israelite Rites of Violence and the Making of a Biblical Text.* Oxford: Oxford University Press, 2011.

Monson, John M. "Enter Joshua: The 'Mother of Current Debates' in Biblical Archaeology" in *Do Historical Matters Matter to Faith? A Critical Appraisal of Modern and Postmodern Approaches to Scripture.* Edited by James K. Hoffmeier and Dennis R. Magary. Wheaton, IL: Crossway, 2012, 427-58.

Moran, William L., ed. *The Amarna Letters.* Translated by William L. Moran. Baltimore: Johns Hopkins University Press, 1992.

Morriston, Wes. "Did God Command Genocide? A Challenge to the Biblical Inerrantist." *Philosophia Christi* 11 (2009): 7-26.

Moshman, David. "Conceptions of Genocide and Perceptions of History" in *The Historiography of Genocide.* Edited by Dan Stone. Hampshire: Palgrave Macmillan, 2008, 71-92.

Murphy, Mark C. "God Beyond Justice" in *Divine Evil? The Moral Character of the God of Abraham.* Edited by Michael Bergmann, Michael J. Murray, and Michael C. Rea. Oxford: Oxford University Press, 2011, 150-67.

Niditch, Susan. *War in the Hebrew Bible: A Study in the Ethics of Violence.* New York: Oxford University Press, 1993.

Nielson, Kirsten. "The Violent God of the Old Testament: Reading Strategies and

Responsibility" in *Encountering Violence in the Bible*. Edited by Markus Zehnder and Hallvard Hagelia. The Bible in the Modern World 55. Sheffield: Sheffield Phoenix, 2013, 207–15.

O'Brien, Julia M. "Trauma All Around: Pedagogical Reflections on Victimization and Privilege in Theological Responses to Biblical Violence" in *La Violencia and the Hebrew Bible*. Edited by Susanne Scholz and Pablo R. Andiñach. Semeia Studies 82. Atlanta: SBL, 2016, 185–205.

Parkinson, R. B. *Voices from Ancient Egypt: An Anthology of Middle Kingdom Writings*. Oklahoma Series in Classical Culture 9. Norman: University of Oklahoma Press, 1991.

Rainey, Anson F. "Who Is a Canaanite? A Review of the Textual Evidence." *BASOR* 304 (1996): 1–15.

Rainey, Anson F., and R. Steven Notley. *The Sacred Bridge: Carta's Atlas of the Biblical World*. Jerusalem: Carta, 2006.

Räisänen, Heikki. "Marcion" in *A Companion to Second-Century Christian "Heretics."* Edited by Antti Marjanen and Petri Luomanen. VCSup 76. Leiden: Brill, 2005, 100–124.

Rauser, Randal. "Errant Statements in an Inerrant Book." 19 February 2013. http://randalrauser.com/2013/02/errant-statements-in-an-inerrant-book/.

_____. "'Let Nothing That Breathes Remain Alive': On the Problem of Divinely Commanded Genocide." *Philosophia Christi* 11 (2009): 27–41.

Richards, E. Randolph, and Richard James. *Misreading Scripture with Individualist Eyes: Patronage, Honor, and Shame in the Biblical World*. Downers Grove, IL: IVP Academic, 2020.

Römer, Thomas. *Dark God: Cruelty, Sex, and Violence in the Old Testament*. Translated by Sean O'Neill. New York: Paulist, 2013.

Rowlett, Lori L. *Joshua and the Rhetoric of Violence: A New Historicist Analysis*. JSOTSup 226. Sheffield: Sheffield Academic, 1996.

Rowley, Matthew. "The Epistemology of Sacralized Violence in the Exodus and Conquest." *JETS* 57 (2014): 63-84.

Sagi, Avi. "The Punishment of Amalek in Jewish Tradition: Coping with the Moral Problem." Translated by Batya Stein. *HTR* 87 (1994): 323-46.

Sasson, Jack M. *The Military Establishment at Mari*. Studia Pohl 3. Rome: Pontifical Biblical Institute, 1969.

Schmitt, Rüdiger. *Der "Heilige Krieg" im Pentateuch und im deuteronomistischen Geschichtswerk: Studien zur Forschungs-, Rezeptionsund Religionsgeschichte von Krieg und Bann im Alten Testament*. AOAT 381. Münster: Ugarit-Verlag, 2011.

Schwartz, Regina. *The Curse of Cain: The Violent Legacy of Monotheism*. Chicago: University of Chicago Press, 1997.

Seibert, Eric A. *Disturbing Divine Behavior: Troubling Old Testament Images of God*. Minneapolis: Fortress, 2009.

_____. "Preaching from Violent Biblical Texts: Helpful Strategies for Addressing Violence in the Old Testament." *Perspectives in Religious Studies* 42 (2015): 247-57.

_____. "Recent Research on Divine Violence in the Old Testament (with Special Attention to Christian Theological Perspectives)." *CBR* 15 (2016): 8-40.

Seitz, Christopher. "Canon and Conquest: The Character of the God of the Hebrew Bible" in *Divine Evil? The Moral Character of the God of Abraham*. Edited by Michael Bergmann, Michael J. Murray, and Michael C. Rea. Oxford: Oxford University Press, 2011, 292-308.

Smith, Mark S. "The Structure of Divinity at Ugarit and Israel: The Case of Anthropomorphic Deities versus Monstrous Divinities" in *Text, Artifact, and Image: Revealing Ancient Israelite Religion*. Edited by Gary Beckman and Theodore J. Lewis. BJS 346. Providence, RI: Brown Judaic Studies, 2006, 38-63.

_____. "Ugarit and the Ugaritians" in T*he World around the Old Testament*. Edited by Bill T. Arnold and Brent A. Strawn. Grand Rapids: Baker, 2016, 139-67.

Sparks, Kenton L. *Sacred Word, Broken Word: Biblical Authority and the Dark Side of Scripture*. Grand Rapids: Eerdmans, 2012.

Sprinkle, Preston. *Fight: A Christian Case for Non-Violence*. Colorado Springs: Cook, 2013.

Stark, Thom. *The Human Faces of God: What Scripture Reveals When It Gets God Wrong* (and Why Inerrancy Tries to Hide It). Eugene, OR: Wipf & Stock, 2011.

Stern, Philip D. *The Biblical Herem: A Window on Israel's Religious Experience*. BJS 211. Atlanta: Scholars Press, 1991.

Stone, Lawson G. "Early Israel and Its Appearance in Canaan" in *Ancient Israel's History: An Introduction to Issues and Sources*. Edited by Bill T. Arnold and Richard S. Hess. Grand Rapids: Baker Academic, 2014, 127-64.

_____. "Ethical and Apologetic Tendencies in the Redaction of the Book of Joshua." *CBQ* 53 (1991): 25-35.

Stump, Eleonore. "The Problem of Evil and the History of Peoples: Think Amalek" in Divine Evil? The Moral Character of the God of Abraham. Edited by Michael Bergmann, Michael J. Murray, and Michael C. Rea. Oxford: Oxford University Press, 2011, 179-97.

_____. "Reply to Morriston" in *Divine Evil? The Moral Character of the God of Abraham*. Edited by Michael Bergmann, Michael J. Murray, and Michael C. Rea. Oxford: Oxford University Press, 2011, 204-7.

Suzuki, Yoshihide. "A New Aspect of Hrm in Deuteronomy in View of an Assimilation Policy of King Josiah." *Annual of the Japanese Biblical Institute* 21 (1995): 3-27.

Swinburne, Richard. "Reply to Morriston" in *Divine Evil? The Moral Character of the God of Abraham*. Edited by Michael Bergmann, Michael J. Murray, and Michael C. Rea. Oxford: Oxford University Press, 2011, 232-34.

_____. "What Does the Old Testament Mean?" in *Divine Evil? The Moral Character of the God of Abraham*. Edited by Michael Bergmann, Michael J.

Murray, and Michael C. Rea. Oxford: Oxford University Press, 2011, 209–25.

Tigay, Jeffrey H. *Deuteronomy*. The JPS Torah Commentary. Philadelphia: Jewish Publication Society, 1996.

Tinker, Melvin. *Mass Destruction: Is God Guilty of Genocide?* Welwyn Garden City, UK: Evangelical Press, 2017.

Trimm, Charlie. "Causes of Genocide" in *The Cultural History of Genocide*, volume 1: *The Ancient World*. Edited by Tristan Taylor. London: Bloomsbury, 2021, 31–49.

_____. *Fighting for the King and the Gods: A Survey of Warfare in the Ancient Near East*. Resources for Biblical Literature 88. Atlanta: Society of Biblical Literature, 2017.

_____. "Recent Research on Warfare in the Old Testament." *CBR* 10 (2012): 1–46.

Troy, Lana. "Religion and Cult during the Time of Thutmose III" in *Thutmose III: A New Biography*. Edited by Eric H. Cline and David O'Connor. Ann Arbor: University of Michigan Press, 2006, 123–82.

Versluis, Arie. *The Command to Exterminate the Canaanites: Deuteronomy 7*. OtSt 71. Leiden: Brill, 2017.

_____. "The Early Reception History of the Command to Exterminate the Canaanites." *Biblical Reception* 3 (2014): 308–29.

Walton, John H., and J. Harvey Walton. *The Lost World of the Israelite Conquest: Covenant, Retribution, and the Fate of the Canaanites*. Downers Grove, IL: InterVarsity Press, 2017.

Warrior, Robert Allen. "Canaanites, Cowboys, and Indians: Deliverance, Conquest, and Liberation Theology Today." *Christianity and Crisis* 49 (1989): 261–66.

Weaver, J. Denny. *The Nonviolent God*. Grand Rapids: Eerdmans, 2013.

Webb, William J., and Gordon K. Oeste. *Bloody, Brutal, and Barbaric: Wrestling with Troubling War Texts*. Downers Grove: IVP Academic, 2019.

Weinfeld, Moshe. "The Ban on the Canaanites in the Biblical Codes and Its

Historical Development" in *History and Traditions of Early Israel: Studies Presented to Eduard Nelson, May 8th, 1993*. Edited by André Lemaire and Benedikt Otzen. VTSup 50. Leiden: Brill, 1993, 142–60.

Weiss-Wendt, Anton. "When the End Justifies the Means: Raphaël Lemkin and the Shaping of a Popular Discourse on Genocide." *Genocide Studies and Prevention: An International Journal* 13.1 (2019): 173–88.

Wettstein, Howard. "God's Struggles" in *Divine Evil? The Moral Character of the God of Abraham*. Edited by Michael Bergmann, Michael J. Murray, and Michael C. Rea. Oxford: Oxford University Press, 2011, 321–33.

Williams, Stephen N. "Could God Have Commanded the Slaughter of the Canaanites?" *TynBul* 63 (2012): 161–78.

_____. "Theological Horizons of Joshua." in *Joshua*. Edited by J. Gordon McConville and Stephen N. Williams. Two Horizons. Grand Rapids: Eerdmans, 2010, 93–170.

Wolterstorff, Nicholas. "Comments on 'What about the Canaanites?'" in *Divine Evil? The Moral Character of the God of Abraham*. Edited by Michael Bergmann, Michael J. Murray, and Michael C. Rea. Oxford: Oxford University Press, 2011, 283–88.

_____. "Reading Joshua" in *Divine Evil? The Moral Character of the God of Abraham*. Edited by Michael Bergmann, Michael J. Murray, and Michael C. Rea. Oxford: Oxford University Press, 2011, 236–56.

Wright, Christopher J. H. *The God I Don't Understand: Reflections on Tough Questions of Faith*. Grand Rapids: Zondervan, 2008.

_____. "Response to Douglas Earl" in *The Joshua Delusion? Rethinking Genocide in the Bible*. By Douglas Earl. Eugene, OR: Cascade, 2010, 139–48.

Younger, Jr., K. Lawson. *Ancient Conquest Accounts: A Study in Ancient Near Eastern and Biblical History Writing*. JSOTSup 98. Sheffield: JSOT Press, 1990.

_____. "Some Recent Discussion on the Herem" in *Far from Minimal: Celebrating the Work and Influence of Philip R. Davies*. Edited by Duncan Burns and J. W.

Rogerson. New York: T&T Clark, 2012, 505-22 .

Zehnder, Markus. "The Annihilation of the Canaanites: Reassessing the Brutality of the Biblical Witnesses" in *Encountering Violence in the Bible*. Edited by Markus Zehnder and Hallvard Hagelia. The Bible in the Modern World 55. Sheffield: Sheffield Phoenix, 2013, 263-90.

성구 색인

하나님은 정말 인종청소를 명하셨는가?

하나님과 대량 학살에 관한 여러 해석

Copyright ⓒ 새물결플러스 2024

1쇄 발행 2024년 3월 4일

지은이   찰리 트림
옮긴이   노동래
펴낸이   김요한
펴낸곳   새물결플러스

편 집   왕희광 정인철 노재현 이형일 나유영 노동래
디자인   황진주 김은경
마케팅   박성민
총 무   김명화 이성순
영 상   최정호 곽상원
아카데미 차상희

홈페이지 www.holywaveplus.com
이메일   hwpbooks@hwpbooks.com
출판등록 2008년 8월 21일 제2008-24호
주 소   (우) 04114 서울시 마포구 신촌로28가길 29
전 화   02) 2652-3161
팩 스   02) 2652-3191

ISBN 979-11-6129-273-1 93230

책값은 뒤표지에 있습니다.